하나님의 영광을 아는 빛

하나님의 영광을 아는 빛

2022년 11월 29일 1쇄 펴냄

지은이 | 김두성
펴낸이 | 김영호
펴낸곳 | 도서출판 동연
등 록 | 제1-1383호(1992년 6월 12일)
주 소 | 서울시 마포구 월드컵로 163-3
전 화 | (02) 335-2630
팩 스 | (02) 335-2640
이메일 | yh4321@gmail.com

ISBN 978-89-6447-842-4 03230

| 성경 공부의 새로운 패러다임 |

하나님의 영광을
아는 빛

김두성 지음

동연

어두운 데에 빛이 비치라 말씀하셨던 그 하나님께서
예수 그리스도의 얼굴에 있는 하나님의 영광을 아는 빛을
우리 마음에 비추셨느니라

고후 4:6

하나님이여 우리를 돌이키시고 주의 얼굴빛을 비추사
우리가 구원을 얻게 하소서

시 80:3

하나님은 말씀으로 모든 일을 계획하시고 약속하시고 시작하시고 친히 완성하신다. 말씀이 육신되어 이 세상에 오신 분이 예수 그리스도이시고 말씀대로 삶을 살아가신 후 구주가 되시었다.

하나님의 말씀을 쉬운 말로 풀어 주는 것이 설교이고, 더 깊이 연구하는 것이 성경 공부와 신학이다.

설교나 성경 공부가 말로 시작하여, 말로 끝나 버리는 것은 말씀의 실패이다. 말씀이 인격과 행동으로 이어지지 않으면 말씀이 타락하는 것이고 말씀의 위력이 상실되는 것이기 때문이다.

나는 저자를 대학 시절부터 알아왔고 오랜 세월이 지난 후 다시만난 인연을 가지고 있다. 그가 학교장을 지낸 이후에도 하나님의말씀을 지속적으로 연구하는 것을 본 나는 그에게 신학을 하는 것이어떠냐고 권면하였다.

저자가 성경 공부의 새로운 패러다임으로『하나님의 영광을 아는 빛』을 책으로 낸다기에 나는 기꺼이 동의하였다. 내가 기쁘게 이 책을 추천하는 이유는 그가 하나님의 말씀을 그의 인격과 생활 속에서 행동으로 살아내고 있는 것을 보고 있기 때문이다.

그와 나는 현재 메콩강선교회의 일원으로 섬기고 있다. 메콩강이 흐르는 라오스, 미얀마, 태국, 캄보디아, 베트남과 같은 나라들은 90%가 불교권이고 대부분 사회주의 국가로 선교의 땅끝이다.

그는 하나님의 말씀을 적절한 성경으로 인용하고 해석하고 설명하고 있기에 기꺼이 추천하는 바이다.

2022. 7. 4.
이용원 목사
(메콩강선교회 대표, 전 서울신학대학교 교수, 찬송가 71장, 576장 작사)

퍼즐을 맞추는 기쁨

이 책의 저자인 김두성 목사님은 매우 특별한 이력을 가지고 계십니다. 평생을 수학 선생님으로서 교단에서 학생들을 가르치셨고, 교장 선생님으로서 고등학교 교육에 힘써 오셨습니다. 은퇴하신 후에는 신학을 공부하셨고, 보다 효율적인 선교를 위해 목사 안수를 받으셨습니다. 그리고 지금은 태국 메콩강선교회 & NY더브릿지교회 소속 선교사로 동남아 소수 부족 목회자들에게 말씀을 전하며 강의하는 일에 헌신하고 계십니다.

제가 김 목사님을 알게 된 것은 뉴욕에 사는 김 목사님의 자녀 가정을 방문했을 때부터입니다. 둘째 딸인 김혜경 집사님은 한국에 있을 때 한국-프랑스 통번역사였으나 결혼 후 미국에서는 뉴욕 현지 공립학교에서 프랑스어 선생님으로 교직에 몸담고 있습니다. 한국인이 미국에서 프랑스어를 가르치는 선생님이니 역시 아버지처럼 특이한 이력을 가지고 계시지요.

김 목사님의 설교는 일반적인 설교와는 조금 다릅니다. 처음 듣게 되면 '무슨 말씀이지?' 생각하다가도 들을수록 어려운 수학 문제를 풀 듯, 마치 퍼즐을 맞추는 기쁨을 느끼게 됩니다. 점점 그 매력에 빠져들곤 하지요. 설교학적으로 보면 어떤 면에서 귀납법적 전개 방식이라고 할 수 있습니다. 처음에 결론을 내고 부연 설명을 넣는 것이 아니고 질문을 던지고는 그 질문에 답이 나오게 되는 과정을 거칩니다. 그렇게 하여 자연스럽게 결론에 이르도록 인도하는 방식입니다. 이때 독자는 스스로 결론을 내리고 그 말씀을 적용하게 되는 것입니다. 포스트모더니즘(post-modernism)의 영향을 받고 살아가는 현대인에게 어울리는 성경 공부 방식입니다.

저도 신학교 강단에서 설교학을 가르치며 이 방식을 추천하고 강조할 때가 많습니다. 목사님의 설교를 들으며 이 내용을 정리하여 책으로 출간하면 어떨까 생각했는데, 이번에 출간하신다니 사막에서 생수를 만난 것처럼 기쁩니다. 그동안 교장 선생님으로 계시면서, 평소 의문을 가지셨던 질문들에 스스로 답하시며, 성경 공부를 인도해 오시며 정리한 산물이기에 더욱 값진 것입니다.

이제 세상은 페이스북을 넘어 메타버스(metaverse) 시대가 도래하고 있습니다. 즉, "실시간으로 수많은 사람이 무제한으로 현실 세계와 광범위하게 상호작용할 수 있는 3D 가상세계에서 사람들은 자신의 정체성, 역사, 신분, 소통, 금융거래를 유지하면서 새로운 디지털 세상을 경험하게 된다"는 것입니다. 전문가들은 이 상황을 두고 영적, 교회적인 지형을 뒤바꿀 근본적인 변화라고 입을 모읍니다. 이 메타버스가 어떻게 세상을 뒤바꿀지 다 예측할 수는 없지만, 분명한 것은 참된 그리스도인은 언제나 이 시대를 본받지 않는 삶을 살아왔다는 것입니다. 메타버스는 우리에게 너희가 하나님처럼 될 것이라고, 전지전능함을 약속하는 것 같습니다. 그러나 모든 우상이 그러하였듯이 메타버스도 우리에게 많은 해악을 끼칠 것입니다. 사람들이 하나님 위에 앉으려 하게 될 것이기 때문입니다. 다시 복음으로 말씀으로 무장하지 않으면 안 되는 이유가 바로 여기에 있는 것입니다. 인간의 과학과 이성이 판을 치는 메타버스 시대에 변함없이 우리는 그리스도의 제자로서 주님이 가신 고난의 길을 걸어가야 합니다.

이런 상황에서 김두성 목사님이 펴낸 이 책은 남달리 두드러져 보입니다. 팬데믹으로 인한 탈교회와 탈기독교 시대에 포스트모더니즘과 메타버스의 도전들에서 생겨난 진리에 대한 수많은 질문에 성경적인 답이 될 것을 확신하며, 기쁨으로 추천합니다.

2022. 7. 15.
조승수 목사
(뉴욕 더브릿지교회 담임목사, 미주성결신학대학교 교수)

　TV에서 외국인들이 샌드위치 가게를 방문하는 모습이 나왔습니다. 샌드위치 종류가 많은 것에 놀랐습니다. 이렇게 많은 샌드위치가 있었구나! 종류별로 샌드위치를 먹어 본 외국인들은 엄지척을 하였습니다.

　샌드위치는 얇게 썬 두 조각의 빵 사이에 버터나 마요네즈 소스 따위를 바르고 고기, 달걀, 치즈, 야채 따위를 끼워 넣은 음식입니다. 샌드위치의 기본 재료는 식빵입니다. 식빵 두 조각이 없다면 샌드위치는 없습니다. 김두성 목사님께서 이번에 쓰신『하나님의 영광을 아는 빛』이라는 성경 공부 교재는 샌드위치의 식빵과 같은 책입니다. 살이 잘 붙어 있게 해주고 신체를 세워주는 신체의 뼈와 같은 책입니다.

　이 책은 제과점 빵 중에 바게트와 같은 책입니다. 씹을수록 고소

하고 긴 여운의 담백함을 가진 그런 빵과 같습니다. 책은 높은 눈높이로 독자를 이끌어 갈 수 있어야 합니다. 그러나 높은 눈높이만 강조하다 보면 도서관에만 꽂힌 책이 됩니다. 책이 독자들이 읽고자 하는 수준에만 눈높이를 맞춘다면 책 읽기를 통한 진전은 없을 겁니다.

읽어야 하는 것과 읽는 것 사이에서 독자들이 단편적으로 아는 것을 일관성 있게 엮어주는 것이 저자와 편집자의 과제로 알고 있습니다. 성경을 처음 접하는 선교지에서 이 일은 중요하면서도 아주 어려운 일입니다. 그리고 심플함 속에서 핵심을 전할 수 있다면 더할 나위가 없을 겁니다. 김두성 목사님이 쓰신 이 책은 이런 욕구와 과제에 딱 맞는 정장입니다. 신학이 있지만 쉽게 읽을 수 있고 심플하지만 생각을 많이 할 수 있게 하는 책입니다. 물음표에서 출발한 선교 현장의 지도자들과 현지인들이 이 교재를 통해 성경을 만나면서 물음표가 느낌표로 바뀌는 모습을 기대하고 확신합니다! 목사님을 통해 다음에는 어떤 교재가 나올까! 궁금함을 넘어 새로운 기대감으로 아침을 맞이합니다.

2022. 8. 30.
김광철 목사
(용인 동백동산교회 담임목사)

머
리
말

어둡고 캄캄해서 주님을 볼 수 없었다.

그래도 더듬더듬 주님을 찾느라고 애를 쓴 세월이 내게도 있었다.

그 시절에는 내 삶에 진정한 평안과 감사가 없었다.

어느 날,

하나님께서 내게 은혜를 베푸셔서

성경 말씀을 통하여 주의 얼굴빛을 나에게 비추어 주셨다(시 67:1).

예수 그리스도의 얼굴에 있는 하나님의 영광을 아는 빛을(고후 4:6).

그때 끝없이 흐르는 회개의 눈물을 통하여

나는 비로소 주님을 향한 감사와 평안을 느꼈다.

하나님의 영광을 아는 그 빛이 내 마음에 비추어진 후부터
성경 말씀이 환하게 드러나 보이기 시작했다.
나는 그 이후로 여러 형태의 그룹 성경 공부를 인도하며
성경 말씀을 전해 왔다.

이 성경 공부 교재는 30여 년 동안 내가 성경을 묵상하며
하나님과 동행한 세월의 흔적이 고스란히 담겨 있다.

이 책은 교회는 출석한 지 오래되고 성경 공부도 여러 번 접했지
만, 하나님의 영광을 아는 그 빛(성령님의 조명)이 마음에 비추어지지
않은 상태로 여전히 그리스도를 알지(경험하지) 못하고 있는 분들을
위해서 쓰였다.

2022. 4. 18.
메콩강선교회 **김두성 선교사**

차 례

1과

하나님의 형상대로 창조된 인간

I

하나님께서 짐승과 인간을
창조하신 방법

하나님은 인간을 단순히 동물적인 존재로만 창조하시지 않았다. 육신은 동물들과 동일한 흙으로 창조하셨지만(창 2:19, 창 2:7), 하나님의 형상대로 창조하시고 영혼을 불어넣어 주셨다(창 1:27, 창 2:7).

짐승

창 1:24 하나님이 이르시되 땅은 생물을 그 종류대로 내되 가축과 기는 것과 땅의 짐승을 종류대로 내라 하시니 그대로 되니라

창 2:19 여호와 하나님이 흙으로 각종 들짐승과 공중의 각종 새를 지으시고 아담이 무엇이라고 부르나 보시려고 그것들을 그에게로 이끌어 가시니 아담이 각 생물을 부르는 것이 곧 그 이름이 되었더라

인간

창 1:27 하나님이 자기 형상 곧 하나님의 형상대로 사람을 창조하시되 남자와 여자를 창조하시고

창 2:7 여호와 하나님이 땅의 흙으로 사람을 지으시고 생기를 그 코에 불어넣으시니 사람이 생령이 되니라

세계 최초의 가솔린 자동차는 1886년 칼 벤츠에 의해서 만들어졌고, 세계 최초의 동력 비행기는 1900년 라이트형제에 의해서 만들어졌다. 세계 최초의 컴퓨터 개발은 1943년에 시작되었고, 1973년에는 인류 역사상 최초로 휴대폰을 개발했으며 1983년부터 상용화되기 시작했다.

불과 100년 전의 인간의 삶과 오늘의 인간의 삶의 모습은 완전히 다르며 앞으로 100년 뒤 인간의 삶의 모습도 지금보다 많이 달라질 것이다. 그러나 원숭이를 포함한 모든 동물들의 삶은 100년 전이나 지금이나 변화가 없으며 100년 후에도 마찬가지일 것이다.

> 인간의 생명에는 육신의 생명이 있는 동시에 영의 생명이 있어 하나님과 교제할 수 있는 영적인 존재로 인간을 창조하셨다.

II

육의 양식과 영의 양식

하나님의 형상대로 창조된 인간은 육신의 생명이 있는 동시에 영의 생명이 있어 동물과 같이 육의 양식을 먹을 뿐만 아니라 영의 양식을 먹어야 한다.

마 4:4 예수께서 대답하여 이르시되 기록되었으되 사람이 떡으로만 살 것이 아니요 하나님의 입으로부터 나오는 모든 말씀으로 살 것이라 하였느니라 하시니

요 4:32-34 ³² 이르시되 내게는 너희가 알지 못하는 먹을 양식이 있느니라 ³³ 제자들이 서로 말하되 누가 잡수실 것을 갖다 드렸는가 하니 ³⁴ 예수께서 이르시되 나의 양식은 나를 보내신 이의 뜻을 행하며 그의 일을 온전히 이루는 이것이니라

1. 영의 양식 - 생명의 떡, 생명수, 성령

육의 양식		영의 양식
음식	→	생명의 떡
물		생명수
공기		성령(숨)

1) 생명의 떡이신 예수님

요 6:32-35 ³² 예수께서 이르시되 내가 진실로 진실로 너희에게 이르노니 모세가 너희에게 하늘로부터 떡을 준 것이 아니라 내 아버지께서 너희에게 하늘로부터 참 떡을 주시나니 ³³ 하나님의 떡은 하늘에서 내려 세상에 생명을 주는 것이니라 ³⁴ 그들이 이르되 주여 이 떡을 항상 우리에게 주소서 ³⁵ 예수께서 이르시되 나는 생명의 떡이니 내게 오는 자는 결코 주리지 아니할 터이요 나를 믿는 자는 영원히 목마르지 아니하리라

2) 생명수이신 예수님

요 4:13-14 ¹³ 예수께서 대답하여 이르시되 이 물을 마시는 자마다 다시 목마르려니와 ¹⁴ 내가 주는 물을 마시는 자는 영원히 목마르지 아니하리니 내가 주는 물은 그 속에서 영생하도록 솟아나는 샘물이 되리라

요 7:37-38 ³⁷ 명절 끝날 곧 큰 날에 예수께서 서서 외쳐 이르시되 누구든지 목마르거든 내게로 와서 마시라 ³⁸ 나를 믿는 자는 성경에 이름과 같이 그 배에서 생수의 강이 흘러나오리라 하시니

계 21:6 또 내게 말씀하시되 이루었도다 나는 알파와 오메가요 처음과 마지막이라 내가 생명수 샘물을 목마른 자에게 값없이 주리니

3) 성령-생기(하나님, 예수님, 성령님: 삼위일체의 하나님)

요 20:21-22 ²¹ 예수께서 또 이르시되 너희에게 평강이 있을지어다 아버지께서 나를 보내신 것 같이 나도 너희를 보내노라 ²² 이 말씀을 하시고 그들을 향하사 숨을 내쉬며 이르시되 성령을 받으라

창 2:7 여호와 하나님이 땅의 흙으로 사람을 지으시고 생기를 그 코에 불어넣으시니 사람이 생령이 되니라

2. 인간은 아담의 원죄로 영혼이 죽은 상태로 태어났다

하나님께서는 아담이 하나님과 교제하며 순종하기를 바라셨지만 뱀의 유혹에 빠져 하나님의 사랑에 의심을 품게 되었고 하나님과 같이 되어 하나님 없이 살기를 원했던 것이다. ── 원죄(Original sin)

창 2:16-17 ¹⁶ 여호와 하나님이 그 사람에게 명하여 이르시되 동산 각종 나무의 열매는 네가 임의로 먹되 ¹⁷ 선악을 알게 하는 나무의 열매는 먹지 말라 네가 먹는 날에는 반드시 죽으리라 하시니라

창 3:3-6 ³ 동산 중앙에 있는 나무의 열매는 하나님의 말씀에 너희는 먹지도 말고 만지지도 말라 너희가 죽을까 하노라 하셨느니라 ⁴ 뱀이 여자에게 이르되 너희가 결코 죽지 아니하리라 ⁵ 너희가 그것을 먹는 날에는 너희 눈이 밝아져 하나님과 같이 되어 선악을 알 줄 하나님이 아심이니라 ⁶ 여자가 그 나무를 본즉 먹음직도 하고 보암직도 하고 지혜롭게 할 만큼 탐스럽기도 한 나무인지라 여자가 그 열매를 따먹고 자기와 함께 있는 남편에게도 주매 그도 먹은지라

아담의 원죄 이후 영의 양식이 단절된 인간은 영이 죽음으로 하나님의 생명의 법에서 떠나 자신의 이성에 의존하는 죄의 종이 되었다.

롬 5:12-14 ¹² 그러므로 한 사람으로 말미암아 죄가 세상에 들어오고 죄로 말미암아 사망이 들어왔나니 이와 같이 모든 사람이 죄를 지었으므로 사망이 모든 사람에게 이르렀느니라 ¹³ 죄가 율법 있기 전에도 세상에 있었으나 율법이 없었을 때에는 죄를 죄로 여기지 아니하였느니라 ¹⁴ 그러나 아담으로부터 모세까지 아담의 범죄와 같은 죄를 짓지 아니한 자들까지도 사망이 왕 노릇 하였나니 아담은 오실 자의 모형이라

"아담의 범죄와 같은 죄를 짓지 아니한 자들까지도 사망이 왕 노릇 하였나니"(새번역) 아담의 범죄와 같은 죄를 짓지 않은 사람들까지도 죽음의 지배를 받았다. ― 아담으로 인해 온 인류가 죄인 되었다는 뜻.

하나님의 형상대로 창조된 인간은 육신의 생명이 있는 동시에 영의 생명이 있어 동물과 같이 육의 양식을 먹을 뿐만 아니라 영의 양식을 먹어야 한다. 인간은 아담의 원죄 이후 하나님을 떠나 영의 양식을 공급받지 못하고 영이 죽은 상태로 태어난다. 이들은 예수 그리스도의 십자가 대속을 믿어 회개하고 죄 사함을 얻어야 한다. 그리고 영의 양식을 받아 새 생명을 얻는 회복이 있어야 한다. 예수님께서는 내가 생명의 떡이니 나를 먹으라고 하시며, 내게 와서 생명수를 마시라고 하신다.

III

세 가지 죽음

1. 육체적 죽음

히 9:27 한번 죽는 것은 사람에게 정해진 것이요 그 후에는 심판이 있으리니

2. 영적 죽음

엡 2:1 그는 허물과 죄로 죽었던* 너희를 살리셨도다

요일 5:12 아들이 있는 자에게는 생명이 있고 하나님의 아들이 없는 자에게는 생명이 없느니라

---

* 모든 인간은 아담의 범죄 이후로 본질상 죽은 존재로 태어난다(영의 양식 단절).

3. 영원한 죽음

마 25:41 또 왼편에 있는 자들에게 이르시되 저주를 받은 자들아 나를 떠나 마귀와 그 사자들을 위하여 예비된 영원한 불에 들어가라

살후 1:8-9 8 하나님을 모르는 자들과 우리 주 예수의 복음에 복종하지 않는 자들에게 형벌을 내리시리니 9 이런 자들은 주의 얼굴과 그의 힘의 영광을 떠나 영원한 멸망의 형벌을 받으리로다

계 20:10 또 그들을 미혹하는 마귀가 불과 유황 못에 던져지니 거기는 그 짐승과 거짓 선지자도 있어 세세토록 밤낮 괴로움을 받으리라

요 5:28-29 28 이를 놀랍게 여기지 말라 무덤 속에 있는 자가 다 그의 음성을 들을 때가 오나니 29 선한 일을 행한 자는 생명의 부활로, 악한 일을 행한 자는 심판의 부활로 나오리라

마 25:46 그들은 영벌에, 의인들은 영생에 들어가리라 하시니라

인간은 아담의 원죄 이후 하나님을 떠나 영의 양식을 공급받지 못하고 영이 죽은 상태로 태어난다. 이들은 예수 그리스도의 십자가 대속을 믿어 회개하고 죄 사함을 얻어야 한다. 그리고 영의 양식을 받아 새 생명을 얻는 회복이 있어야 한다. 그렇지 않으면, 영원한 불에 들어가는 영원한 멸망의 형벌을 받게 된다.

IV

하나님의 영, 천사의 영, 마귀의 영
그리고 사람의 영

1. 하나님의 영(그리스도의 영, 성령)

롬 8:9 만일 너희 속에 하나님의 영이 거하시면 너희가 육신에 있지 아니하고 영에 있나니 누구든지 그리스도의 영이 없으면 그리스도의 사람이 아니라

고전 3:16 너희는 너희가 하나님의 성전인 것과 하나님의 성령이 너희 안에 계시는 것을 알지 못하느냐

요 7:39 이는 그를 믿는 자들이 받을 성령을 가리켜 말씀하신 것이라(예수께서 아직 영광을 받지 않으셨으므로 성령이 아직 그들에게 계시지 아니하시더라)

2. 천사의 영

1) 천사는 하나님께서 창조하신 영적 존재이다

골 1:16 만물이 그에게서 창조되되 하늘과 땅에서 보이는 것들과 보이지 않는 것들과 혹은 왕권들이나 주권들이나 통치자들이나 권세들이나 만물이 다 그로 말미암고 그를 위하여 창조되었고

히 1:14 모든 천사들은 섬기는 영으로서 구원 받을 상속자들을 위하여 섬기라고 보내심이 아니냐

2) 인간과 다르며 죽지 않는다

고전 6:3 우리가 천사를 판단할 것을 너희가 알지 못하느냐 그러하거든 하물며 세상 일이랴

히 2:7 그를 잠시 동안 천사보다 못하게 하시며 영광과 존귀로 관을 씌우시며

눅 20:35-36 35 저 세상과 및 죽은 자 가운데서 부활함을 얻기에 합당히 여김을 받은 자들은 장가 가고 시집 가는 일이 없으며 36 그들은 다시 죽

을 수도 없나니 이는 천사와 동등이요 부활의 자녀로서 하나님의 자녀임이라

3. 마귀의 영

1) 타락한 일단의 천사들이 마귀가 되었다

유 1:6 또 자기 지위를 지키지 아니하고 자기 처소를 떠난 천사들을 큰 날의 심판까지 영원한 결박으로 흑암에 가두셨으며

벧후 2:4 하나님이 범죄한 천사들을 용서하지 아니하시고 지옥에 던져 어두운 구덩이에 두어 심판 때까지 지키게 하셨으며

2) 죽은 악인의 영이 마귀(귀신)라는 설이 있으나 성경은 어디에서도 그렇게 말하고 있지 않다

① 마귀(귀신)는 사탄의 유혹을 받아 타락한 천사로부터 기원을 찾아야 한다. 사탄이 마귀의 통치자(귀신의 왕)로 불리고 있어 마귀(귀신)가 타락한 천사이다.

마 12:24 바리새인들은 듣고 이르되 이가 귀신의 왕 바알세불을 힘입지

않고는 귀신을 쫓아내지 못하느니라 하거늘

② 사탄은 잘 조직된 천사의 등급을 갖고 있으므로 이들이 마귀(귀신)라는 생각이 합당하다.

엡 6:11-12 ¹¹ 마귀의 간계를 능히 대적하기 위하여 하나님의 전신 갑주를 입으라 ¹² 우리의 씨름은 혈과 육을 상대하는 것이 아니요 통치자들과 권세들과 이 어둠의 세상 주관자들과 하늘에 있는 악의 영들을 상대함이라

엡 2:1-2 ¹ 그는 허물과 죄로 죽었던 너희를 살리셨도다 ² 그 때에 너희는 그 가운데서 행하여 이 세상 풍조를 따르고 공중의 권세 잡은 자를 따랐으니 곧 지금 불순종의 아들들 가운데서 역사하는 영이라

4. 사람의 영

롬 8:16 성령이 친히 우리의 영과 더불어 우리가 하나님의 자녀인 것을 증언하시나니

시 31:5 내가 나의 영을 주의 손에 부탁하나이다 진리의 하나님 여호와여 나를 속량하셨나이다

롬 2:9 악을 행하는 각 사람의 영에는 환난과 곤고가 있으리니 먼저는 유대인에게요 그리고 헬라인에게며

부자와 나사로

눅 16:19-26 ¹⁹ 한 부자가 있어 자색 옷과 고운 베옷을 입고 날마다 호화롭게 즐기더라 ²⁰ 그런데 나사로라 이름하는 한 거지가 헌데 투성이로 그의 대문 앞에 버려진 채 ²¹ 그 부자의 상에서 떨어지는 것으로 배불리려 하매 심지어 개들이 와서 그 헌데를 핥더라 ²² 이에 그 거지가 죽어 천사들에게 받들려 아브라함의 품에 들어가고 부자도 죽어 장사되매 ²³ 그가 음부에서 고통중에 눈을 들어 멀리 아브라함과 그의 품에 있는 나사로를 보고 ²⁴ 불러 이르되 아버지 아브라함이여 나를 긍휼히 여기사 나사로를 보내어 그 손가락 끝에 물을 찍어 내 혀를 서늘하게 하소서 내가 이 불꽃 가운데서 괴로워하나이다 ²⁵ 아브라함이 이르되 얘 너는 살았을 때에 좋은 것을 받았고 나사로는 고난을 받았으니 이것을 기억하라 이제 그는 여기서 위로를 받고 너는 괴로움을 받느니라 ²⁶ 그뿐 아니라 너희와 우리 사이에 큰 구렁텅이가 놓여 있어 여기서 너희에게 건너가고자 하되 갈 수 없고 거기서 우리에게 건너올 수도 없게 하였느니라

죽은 자의 영혼은 귀신과 같이 떠돌아다니지 않고 낙원이나 음부에서 마지막 심판을 기다린다(눅 16:26).

고전 10:20 무릇 이방인이 제사하는 것은 귀신에게 하는 것이요 하나님께 제사하는 것이 아니니 나는 너희가 귀신과 교제하는 자가 되기를 원하지 아니하노라

제사하는 것은 죽은 조상에게 하는 것인데, 실제로는 죽은 조상(사람의 영)에게 하는 것이 아니고 자기 처소를 떠나 타락하여 공중에 떠돌아다니는 귀신에게 하는 것이다.

1) 하나님의 영은 그리스도의 영, 성령이라고 하며 그리스도의 사람 안에 거하신다.
2) 천사의 영은 하나님께서 창조하신 영적 존재이며 인간과 다르며 죽지 않는다. 천사들은 섬기는 영으로서 구원받을 상속자들을 위하여 섬기라고 보내셨다.
3) 마귀의 영은 하나님의 보좌를 엿보고 하나님과 동등하게 되려다 추방되어 타락한 천사들이 마귀(귀신)가 된 것이다.
4) 사람의 영과 천사의 영은 근본적으로 다르다. 인간이 죽으면 사람의 영은 마귀(귀신)과 같이 떠돌아다니지 않고 낙원이나 음부에서 마지막 심판을 기다린다.

2과

———

생명이신 예수 그리스도

I

예수께서
그리스도이심을 믿는 자

요일 5:1 예수께서 그리스도이심을 믿는 자마다 하나님께로부터 난 자니 또한 낳으신 이를 사랑하는 자마다 그에게서 난 자를 사랑하느니라

요 3:16 하나님이 세상을 이처럼 사랑하사 독생자를 주셨으니 이는 그를 믿는 자마다 멸망하지 않고 영생을 얻게 하려 하심이라

1. 성령으로 잉태

동정녀의 몸에서 성령으로 잉태되신 예수님은 원죄를 물려받지 않으시고 죄에 오염도 되지 않으실 수 있었다.

마 1:18 예수 그리스도의 나심은 이러하니라 그의 어머니 마리아가 요셉과 약혼하고 동거하기 전에 성령으로 잉태된 것이 나타났더니

마 1:23 보라 처녀가 잉태하여 아들을 낳을 것이요 그의 이름은 임마누엘이라 하시리라 하셨으니 이를 번역한즉 하나님이 우리와 함께 계시다 함이라

성령으로 잉태, 처녀가 잉태 ─ 원죄를 물려받지 않으심.

요일 3:5 그가 우리 죄를 없애려고 나타나신 것을 너희가 아나니 그에게는 죄가 없느니라

히 4:15 우리에게 있는 대제사장은 우리의 연약함을 동정하지 못하실 이가 아니요 모든 일에 우리와 똑같이 시험을 받으신 이로되 죄는 없으시니라

행 2:36 그런즉 이스라엘 온 집은 확실히 알지니 너희가 십자가에 못 박은 이 예수를 하나님이 주와 그리스도가 되게 하셨느니라 하니라

행 5:42 그들이 날마다 성전에 있든지 집에 있든지 예수는 그리스도*라고 가르치기와 전도하기를 그치지 아니하니라

---

* '예수'는 이름이고 '그리스도'는 직분이라는 의미에서 볼 때 "예수 그리스도"보다 "예수는 그리스도"라고 하는 것이 바람직하다.

'예수'의 뜻: 자기 백성을 그들의 죄에서 구원할 자

마 1:21 아들을 낳으리니 이름을 예수라 하라 이는 그가 자기 백성을 그들의 죄에서 구원할 자이심이라 하니라

'그리스도'의 뜻: 구원자, 메시아

예수님만이 죄에 대하여 이야기해 주시고 죄를 위하여 죽어주신 분 이기게 그분만이 그리스도가 되신다.

2. 예수님의 십자가

빌 2:6-8 6 그는 근본 하나님의 본체시나 하나님과 동등됨을 취할 것으로 여기지 아니하시고 7 오히려 자기를 비워 종의 형체를 가지사 사람들과 같이 되셨고 8 사람의 모양으로 나타나사 자기를 낮추시고 죽기까지 복종하셨으니 곧 십자가에 죽으심이라

고전 15:3 내가 받은 것을 먼저 너희에게 전하였노니 이는 성경대로 그리스도께서 우리 죄를 위하여 죽으시고

갈 1:4 그리스도께서 하나님 곧 우리 아버지의 뜻을 따라 이 악한 세대에

서 우리를 건지시려고 우리 죄를 대속하기 위하여 자기 몸을 주셨으니

<u>요일 4:10</u> 사랑은 여기 있으니 우리가 하나님을 사랑한 것이 아니요 하나님이 우리를 사랑하사 우리 죄를 속하기 위하여 화목 제물로 그 아들을 보내셨음이라

<u>롬 5:15-19</u> ¹⁵ 그러나 이 은사는 그 범죄와 같지 아니하니 곧 한 사람의 범죄를 인하여 많은 사람이 죽었은즉 더욱 하나님의 은혜와 또한 한 사람 예수 그리스도의 은혜로 말미암은 선물은 많은 사람에게 넘쳤느니라 ¹⁶ 또 이 선물은 범죄한 한 사람으로 말미암은 것과 같지 아니하니 심판은 한 사람으로 말미암아 정죄에 이르렀으나 은사는 많은 범죄로 말미암아 의롭다 하심에 이름이니라 ¹⁷ 한 사람의 범죄로 말미암아 사망이 그 한 사람을 통하여 왕 노릇 하였은즉 더욱 은혜와 의의 선물을 넘치게 받는 자들은 한 분 예수 그리스도를 통하여 생명 안에서 왕 노릇 하리로다 ¹⁸ 그런즉 한 범죄로 많은 사람이 정죄에 이른 것 같이 한 의로운 행위로 말미암아 많은 사람이 의롭다 하심을 받아 생명에 이르렀느니라 ¹⁹ 한 사람이 순종하지 아니함으로 많은 사람이 죄인 된 것 같이 한 사람이 순종하심으로 많은 사람이 의인이 되리라*

---

* 한 사람이 순종하지 아니함으로(아담의 범죄: 원죄) 많은 사람이 죄인 된 것 같이 한 사람이 순종하심(예수님의 십자가 대속)으로 많은 사람이 의인 됨.

아담이 처음 저지른 죄인 원죄는 모든 사람에게 전가되었다. 모든 사람은 원죄의 죄책과 죄성을 가지고 태어나며, 이와 같이 예수 그리스도 한 분의 의가 모든 사람에게 적용된다.

고후 5:14 그리스도의 사랑이 우리를 강권하시는도다 우리가 생각하건 대 한 사람이 모든 사람을 대신하여 죽었은즉 모든 사람이 죽은 것이라

3. 예수님의 부활

눅 24:7 이르시기를 인자가 죄인의 손에 넘겨져 십자가에 못 박히고 제 삼일에 다시 살아나야 하리라 하셨느니라 한 대

눅 24:1-3 1 안식 후 첫날 새벽에 이 여자들이 그 준비한 향품을 가지고 무덤에 가서 2 돌이 무덤에서 굴려 옮겨진 것을 보고 3 들어가니 주 예수 의 시체가 보이지 아니하더라

행 1:3 그가 고난 받으신 후에 또한 그들에게 확실한 많은 증거로 친히 살아 계심을 나타내사 사십 일 동안 그들에게 보이시며 하나님 나라의 일을 말씀하시니라

롬 10:9 네가 만일 네 입으로 예수를 주로 시인하며 또 하나님께서 그를

죽은 자 가운데서 살리신 것을 네 마음에 믿으면 구원을 받으리라

우리 죄를 대신하여 십자가에서 죽고 부활하신 예수를 믿는 것은 예수님이 십자가에서 죽으심과 부활하심에 나도 함께 참여한 것이 되어 예수님이 하신 일이 내가 한 일이 된 것으로 아는 것이다.

갈 2:20 내가 그리스도와 함께 십자가에 못 박혔나니 그런즉 이제는 내가 사는 것이 아니요 오직 내 안에 그리스도께서 사시는 것이라 이제 내가 육체 가운데 사는 것은 나를 사랑하사 나를 위하여 자기 자신을 버리신 하나님의 아들을 믿는 믿음 안에서 사는 것이라

하나님의 아들을 믿는 믿음

① 앎

롬 6:6 우리가 알거니와 우리의 옛 사람이 예수와 함께 십자가에 못 박힌 것은 죄의 몸이 죽어 다시는 우리가 죄에게 종 노릇 하지 아니하려 함이니

우리 죄의 몸이 예수와 함께 십자가에 못 박힘으로 죽은 것을 아는 것이다(롬 6:6).

② 여김

롬 6:11 이와 같이 너희도 너희 자신을 죄에 대하여는 죽은 자요 그리스도 예수 안에서 하나님을 대하여는 산 자로 여길찌어다

죄에 대하여는 죽은 자요 그리스도 예수 안에서 하나님을 대하여는 산 자로 여기는 것이다(롬 6:11).

③ 드림

롬 6:19 너희 육신이 연약하므로 내가 사람의 예대로 말하노니 전에 너희가 너희 지체를 부정과 불법에 드려 불법에 이른것 같이 이제는 너희 지체를 의에게 종으로 드려 거룩함에 이르라

하나님의 영으로 인도함을 받아 삶을 주님께 드려 거룩함에 이르는 생활로 나아가는 것이다.

행 2:38 베드로가 이르되 너희가 회개하여 각각 예수 그리스도의 이름으로 세례를 받고 죄 사함을 받으라 그리하면 성령의 선물*을 받으리니

---

* 성령의 선물: 죄 사함을 받은 자(구원받은 자)에게 주시는 선물

롬 8:13-14 ¹³ 너희가 육신대로 살면 반드시 죽을 것이로되 영으로써 몸의 행실을 죽이면 살리니 ¹⁴ 무릇 하나님의 영으로 인도함을 받는 사람은 곧 하나님의 아들이라

롬 6:4-5 ⁴ 그러므로 우리가 그의 죽으심과 합하여 세례를 받음으로 그와 함께 장사되었나니 이는 아버지의 영광으로 말미암아 그리스도를 죽은 자 가운데서 살리심과 같이 우리로 또한 새 생명 가운데서 행하게 하려 함이라 ⁵ 만일 우리가 그의 죽으심과 같은 모양으로 연합한 자가 되었으면 또한 그의 부활과 같은 모양으로 연합한 자도 되리라

믿음은 창조자 하나님이 계심을 믿는 것에 머무르는 것이 아니고, 하나님의 독생자 예수 그리스도의 십자가에 내가 연합하여 함께 죽고, 예수님의 부활에 연합한 자가 됨을 믿는 것이다.

롬 8:11 예수를 죽은 자 가운데서 살리신 이의 영이 너희 안에 거하시면 그리스도 예수를 죽은 자 가운데서 살리신 이가 너희 안에 거하시는 그의 영으로 말미암아 너희 죽을 몸도 살리시리라

요 11:25-26 ²⁵ 예수께서 이르시되 나는 부활이요 생명이니 나를 믿는 자

는 죽어도 살겠고* 26 무릇 살아서 나를 믿는 자** 는 영원히 죽지 아니
하리니 이것을 네가 믿느냐

"살아서"란 말은, 육신의 생명을 가리킨 것이 아니고, 영적 생명,
곧 구원론적 생명을 의미한다.

동정녀의 몸에서 성령으로 잉태되신 예수님은 원죄를 물려받지 않으시
고 세상에 오셨다. 그러므로 예수님만이 우리 죄를 대속하여 죽으시고
우리 죄를 사하실 수 있다. 우리 죄를 대신하여 십자가에서 죽고 부활하
신 예수를 믿는 것은 예수님이 십자가에 죽으심과 부활하심에 나도 함
께 참여한 것이 되어 예수님이 하신 일이 내가 한 일이 된 것으로 아는
것이다. 아울러 죄에 대하여는 죽은 자요 그리스도 예수 안에서 하나님
에 대하여는 산 자로 여기고, 나의 삶을 주님께 드려 거룩함에 이르는
생활로 나아가는 것이다.

---

* 그가 죽을지라도 계속하여 살겠고 신자의 육신이 죽은 후에도 그에게 계속되는 영적
생명을 가리킨다.
** 성령으로 거듭 나서 그리스도를 믿는 자

II

예수께서
기적을 베푸신 목적

1. 표적을 행하심

마 4:23-25 ²³ 예수께서 온 갈릴리에 두루 다니사 그들의 회당에서 가르치시며 천국 복음을 전파하시며 백성 중의 모든 병과 모든 약한 것을 고치시니 ²⁴ 그의 소문이 온 수리아에 퍼진지라 사람들이 모든 앓는 자 곧 각종 병에 걸려서 고통 당하는 자, 귀신 들린 자, 간질하는 자, 중풍병자들을 데려오니 그들을 고치시더라 ²⁵ 갈릴리와 데가볼리와 예루살렘과 유대와 요단 강 건너편에서 수많은 무리가 따르니라

요 12:9-11 ⁹ 유대인의 큰 무리가 예수께서 여기 계신 줄을 알고 오니 이는 예수만 보기 위함이 아니요 죽은 자 가운데서 살리신 나사로도 보려 함이러라 ¹⁰ 대제사장들이 나사로까지 죽이려고 모의하니 ¹¹ 나사로 때문에 많은 유대인이 가서 예수를 믿음이러라

요 12:17-18 ¹⁷ 나사로를 무덤에서 불러내어 죽은 자 가운데서 살리실 때에 함께 있던 무리가 증언한지라 ¹⁸ 이에 무리가 예수를 맞음은 이 표적 행하심을 들었음이러라

요 14:9-11 ⁹ 예수께서 이르시되 빌립아 내가 이렇게 오래 너희와 함께 있으되 네가 나를 알지 못하느냐 나를 본 자는 아버지를 보았거늘 어찌하여 아버지를 보이라 하느냐 ¹⁰ 내가 아버지 안에 거하고 아버지는 내 안에 계신 것을 네가 믿지 아니하느냐 내가 너희에게 이르는 말은 스스로 하는 것이 아니라 아버지께서 내 안에 계셔서 그의 일을 하시는 것이라 ¹¹ 내가 아버지 안에 거하고 아버지께서 내 안에 계심을 믿으라 그렇지 못하겠거든 행하는 그 일로 말미암아 나를 믿으라

행 2:43-47 ⁴³ 사람마다 두려워하는데 사도들로 말미암아 기사와 표적이 많이 나타나니 ⁴⁴ 믿는 사람이 다 함께 있어 모든 물건을 서로 통용하고 ⁴⁵ 또 재산과 소유를 팔아 각 사람의 필요를 따라 나눠 주며 ⁴⁶ 날마다 마음을 같이하여 성전에 모이기를 힘쓰고 집에서 떡을 떼며 기쁨과 순전한 마음으로 음식을 먹고 ⁴⁷ 하나님을 찬미하며 또 온 백성에게 칭송을 받으니 주께서 구원 받는 사람을 날마다 더하게 하시니라

2. 오병이어의 기적을 베푸심으로 배부른 사람들

요 6:8-15 ⁸ 제자 중 하나 곧 시몬 베드로의 형제 안드레가 예수께 여짜오되 ⁹ 여기 한 아이가 있어 보리떡 다섯 개와 물고기 두 마리를 가지고 있나이다 그러나 그것이 이 많은 사람에게 얼마나 되겠사옵나이까 ¹⁰ 예수께서 이르시되 이 사람들로 앉게 하라 하시니 그 곳에 잔디가 많은지라 사람들이 앉으니 수가 오천 명쯤 되더라 ¹¹ 예수께서 떡을 가져 축사하신 후에 앉아 있는 자들에게 나눠 주시고 물고기도 그렇게 그들의 원대로 주시니라 ¹² 그들이 배부른 후에 예수께서 제자들에게 이르시되 남은 조각을 거두고 버리는 것이 없게 하라 하시므로 ¹³ 이에 거두니 보리떡 다섯 개로 먹고 남은 조각이 열두 바구니에 찼더라 ¹⁴ 그 사람들이 예수께서 행하신 이 표적을 보고 말하되 이는 참으로 세상에 오실 그 선지자라 하더라 ¹⁵ 그러므로 예수께서 그들이 와서 자기를 억지로 붙들어 임금으로 삼으려는 줄 아시고 다시 혼자 산으로 떠나 가시니라

요 6:26-27 ²⁶ 예수께서 대답하여 이르시되 내가 진실로 진실로 너희에게 이르노니 너희가 나를 찾는 것은 표적을 본 까닭이 아니요* 떡을 먹고 배부른 까닭이로다 ²⁷ 썩을 양식을 위하여 일하지 말고 영생하도록 있는 양식을 위하여 하라 이 양식은 인자가 너희에게 주리니 인자는 아

---

* 표적을 보기는 보았지만 떡을 먹고 배부른 일에만 집착을 하여 표적을 행하신 의미를 깨닫지 못했다는 뜻이다.

버지 하나님께서 인치신 자니라

막 8:18-21 ¹⁸ 너희가 눈이 있어도 보지 못하며 귀가 있어도 듣지 못하느
냐 또 기억하지 못하느냐 ¹⁹ 내가 떡 다섯 개를 오천 명에게 떼어 줄 때에
조각 몇 바구니를 거두었더냐 이르되 열둘이니이다 ²⁰ 또 일곱 개를 사
천 명에게 떼어 줄 때에 조각 몇 광주리를 거두었더냐 이르되 일곱이니
이다 ²¹ 이르시되 아직도 깨닫지 못하느냐 하시니라

예수님께서 떡 다섯 개로 오천 명을 먹이시고 떡 일곱 개로 사천
명을 먹이시는 기적을 베푸심은 세상에서 필요한 것을 해결해 주시
는 하나님을 바라보게 하려는 것이 아니라, 생명이신 하나님을 바라
보게 하려는 것이었다.

3. 만나를 네게 먹이신 것은

신 8:1-6 ¹ 내가 오늘 명하는 모든 명령을 너희는 지켜 행하라 그리하면
너희가 살고 번성하고 여호와께서 너희의 조상들에게 맹세하신 땅에
들어가서 그것을 차지하리라 ² 네 하나님 여호와께서 이 사십 년 동안
에 네게 광야 길을 걷게 하신 것을 기억하라 이는 너를 낮추시며 너를
시험하사 네 마음이 어떠한지 그 명령을 지키는지 지키지 않는지 알려
하심이라 ³ 너를 낮추시며 너를 주리게 하시며 또 너도 알지 못하며 네

조상들도 알지 못하던 만나를 네게 먹이신 것은 사람이 떡으로만 사는 것이 아니요 여호와의 입에서 나오는 모든 말씀으로 사는 줄을 네가 알게 하려 하심이니라 ⁴ 이 사십 년 동안에 네 의복이 해어지지 아니하였고 네 발이 부르트지 아니하였느니라 ⁵ 너는 사람이 그 아들을 징계함 같이 네 하나님 여호와께서 너를 징계하시는 줄 마음에 생각하고 ⁶ 네 하나님 여호와의 명령을 지켜 그의 길을 따라가며 그를 경외할지니라

1) 너를 낮추시며

신 8:2 네 하나님 여호와께서 이 사십 년 동안에 네게 광야 길을 걷게 하신 것을 기억하라 이는 너를 낮추시며 너를 시험하사 네 마음이 어떠한지 그 명령을 지키는지 지키지 않는지 알려 하심이라

신 8:5 너는 사람이 그 아들을 징계함 같이 네 하나님 여호와께서 너를 징계(discipline)* 하시는 줄 마음에 생각하고

광야 농사도 못 짓고 물도 없고, 풀 한 포기 없는 곳, 먹을 것을 해결할 수 없어 굶어 죽게 된 상황, 그 상황으로 몰고 가신 분은 하나

---

* discipline=training=chasten
  discipline: 훈련, 훈육, 제어, 규율, 징계
  chasten: (고난을 주어 사람을) 단련시키다

님이시다. 그 상황으로 몰고 가신 이유와 목적은 어찌할 수 없는 한계 상황에서 인간의 무능함을 알게 하시어 우리를 낮추시기 위함이었다.

2) 사람이 떡으로만 사는 것이 아니요

신 8:3 너를 낮추시며 너를 주리게 하시며 또 너도 알지 못하며 네 조상들도 알지 못하던 만나를 네게 먹이신 것은 사람이 떡으로만 사는 것이 아니요 여호와의 입에서 나오는 모든 말씀으로 사는 줄을 네가 알게 하려 하심이니라

하나님의 능력으로 만나를 주심은 그 만나를 통해서 사람이 떡으로만 사는 것이 아니요 여호와의 입에서 나오는 모든 말씀으로 사는 줄을 알게 하려 하심이었다.

민 14:3-11 ³ 어찌하여 여호와가 우리를 그 땅으로 인도하여 칼에 쓰러지게 하려 하는가 우리 처자가 사로잡히리니 애굽으로 돌아가는 것이 낫지 아니하랴 ⁴ 이에 서로 말하되 우리가 한 지휘관을 세우고 애굽으로 돌아가자 하매 ⁵ 모세와 아론이 이스라엘 자손의 온 회중 앞에서 엎드린지라 ⁶ 그 땅을 정탐한 자 중 눈의 아들 여호수아와 여분네의 아들 갈렙이 자기들의 옷을 찢고 ⁷ 이스라엘 자손의 온 회중에게 말하여 이르

되 우리가 두루 다니며 정탐한 땅은 심히 아름다운 땅이라 ⁸ 여호와께서 우리를 기뻐하시면 우리를 그 땅으로 인도하여 들이시고 그 땅을 우리에게 주시리라 이는 과연 젖과 꿀이 흐르는 땅이니라 ⁹ 다만 여호와를 거역하지는 말라 또 그 땅 백성을 두려워하지 말라 그들은 우리의 먹이라 그들의 보호자는 그들에게서 떠났고 여호와는 우리와 함께 하시느니라 그들을 두려워하지 말라 하나 ¹⁰ 온 회중이 그들을 돌로 치려 하는데 그 때에 여호와의 영광이 회막에서 이스라엘 모든 자손에게 나타나시니라 ¹¹ 여호와께서 모세에게 이르시되 이 백성이 어느 때까지 나를 멸시하겠느냐 내가 그들 중에 많은 이적을 행하였으나 어느 때까지 나를 믿지 않겠느냐

사람이 떡으로만 사는 것이 아니요 여호와의 입에서 나오는 모든 말씀으로 사는 줄을 알지 못하면 나와 세상을 사랑하여 나의 문제 해결 중심으로 살게 되고, 문제 앞에서 불평 원망을 하게 된다. 그런 사람을 하나님께서는 하나님 자신을 멸시했다고 하시고, 그것은 바로 믿지 않는 것이라고 하신다(11절).

우리를 어찌할 수 없는 상황 가운데로 몰아 놓으시는 이유는 사람이 떡으로만 사는 것이 아니요, 여호와의 입에서 나오는 모든 말씀으로 사는 줄을 알아 초점을 나와 세상에서 하나님께 향하게 하기 위함이다. 이것을 깨달은 베드로에게 예수님은 "네가 복이 있도다"(마16:17) 라고 말씀하신다.

마 16:9-17 ⁹ 너희가 아직도 깨닫지 못하느냐 떡 다섯 개로 오천 명을 먹이고 주운 것이 몇 바구니며 ¹⁰ 떡 일곱 개로 사천 명을 먹이고 주운 것이 몇 광주리였는지를 기억하지 못하느냐 ¹¹ 어찌 내 말한 것이 떡에 관함이 아닌 줄을 깨닫지 못하느냐 오직 바리새인과 사두개인들의 누룩을 주의하라 하시니 ¹² 그제서야 제자들이 떡의 누룩이 아니요 바리새인과 사두개인들의 교훈을 삼가라고 말씀하신 줄을 깨달으니라 ¹³ 예수께서 빌립보 가이사랴 지방에 이르러 제자들에게 물어 이르시되 사람들이 인자를 누구라 하느냐 ¹⁴ 이르되 더러는 세례 요한, 더러는 엘리야, 어떤 이는 예레미야나 선지자 중의 하나라 하나이다 ¹⁵ 이르시되 너희는 나를 누구라 하느냐 ¹⁶ 시몬 베드로가 대답하여 이르되 주는 그리스도시요 살아 계신 하나님의 아들이시니이다 ¹⁷ 예수께서 대답하여 이르시되 바요나 시몬아 네가 복이 있도다* 이를 네게 알게 한 이는 혈육이 아니요 하늘에 계신 내 아버지시니라

신 8:16 네 조상들도 알지 못하던 만나를 광야에서 네게 먹이셨나니 이는 다 너를 낮추시며 너를 시험하사 마침내 네게 복을 주려 하심이었느니라

신 8:3 너를 낮추시며 너를 주리게 하시며 또 너도 알지 못하며 네 조상

들도 알지 못하던 만나를 네게 먹이신 것은 사람이 떡으로만 사는 것이
아니요 여호와의 입에서 나오는 모든 말씀으로 사는 줄을 네가 알게 하
려 하심이니라

"마침내 네게 복을 주려 하심"(신 8:16) ⇌ "여호와의 입에서 나오는
모든 말씀으로 사는" 즉, 생명의 떡으로 사는 것을 알게 하려 하심(신
8:3).

기적을 베푸심은 세상에서 필요한 것을 해결해 주시는 하나님을 바라보
게 하려는 것이 아니라, 생명이신 하나님을 바라보게 하려는 것이었다.
그리하여 예수는 살아계신 하나님의 아들이요, 우리의 생명이 되시며,
생명의 떡이심을 알아 사람이 떡으로만 사는 것이 아니요 여호와의 입에
서 나오는 모든 말씀으로 사는 줄을 우리로 알게 하려 하심이다.

예수께서 말씀하시는
하나님의 일

1. 무리의 관심과 예수님의 관심

<u>요 6:26-27</u> ²⁶ 예수께서 대답하여 이르시되 내가 진실로 진실로 너희에게 이르노니 너희가 나를 찾는 것은 표적을 본 까닭이 아니요 떡을 먹고 배부른 까닭이로다 ²⁷ 썩을 양식을 위하여 일하지 말고 영생하도록 있는 양식을 위하여 하라 이 양식은 인자가 너희에게 주리니 인자는 아버지 하나님께서 인치신 자니라

이들은 예수님을 따르기로 작정하고 배를 타고 찾아왔으나, 예수님께서 그들에게 주시고자 하는 것(27절)과는 상관없이 자기가 원하는 것 때문에 예수님을 따랐다(26절).

2. 하나님께서 보내신 이를 믿는 것이 하나님의 일

하나님의 일은 어떻게 하는 것인가? 어떻게 헌신할 것인가?

요 6:28-29 ²⁸ 그들이 묻되 우리가 어떻게 하여야 하나님의 일*을 하오리이까 ²⁹ 예수께서 대답하여 이르시되 하나님께서 보내신 이를 믿는 것이 하나님의 일이니라 하시니

요 6:47-48 ⁴⁷ 진실로 진실로 너희에게 이르노니 믿는 자**는 영생을 가졌나니 ⁴⁸ 내가 곧 생명의 떡이니라

요 6:57 살아 계신 아버지께서 나를 보내시매 내가 아버지로 말미암아 사는 것 같이 나를 먹는 그 사람도 나로 말미암아 살리라

하나님의 일을 하는 구체적인 방법은 생명의 떡이신 예수 그리스도가 우리의 양식이 되어서 나의 생명의 근원이 되게 하는 것이다.

요 4:32-34 ³² 이르시되 내게는 너희가 알지 못하는 먹을 양식이 있느니

---

* 하나님께서 보내신 이를 믿는 것이다. 하나님께서 보내신 예수님을 믿는 것이다. 그것은 하나님께서 보내신 예수님이 생명의 떡임을 믿는 것이다.
** (예수님이 생명의 떡임을) 믿는 자

라 33 제자들이 서로 말하되 누가 잡수실 것을 갖다 드렸는가 하니 34 예수께서 이르시되 나의 양식은 나를 보내신 이의 뜻을 행하며 그의 일을 온전히 이루는 이것이니라

무리들은 하나님의 생명으로 하나님의 일을 하는 것에 대하여 무지한 자들이었다. 생명의 떡을 먹지 않고 내가 열심히 일하는 것만으로는 하나님의 일을 이룰 수 없다. 육의 양식을 잘 먹는 사람이 건강하여 활동을 잘 하듯이 영의 양식인 생명의 떡을 먹는 사람이 하나님의 일을 왕성하게 잘 할 수 있게 되는 것이다. 하나님의 일은 하나님의 생명 안에 있어 하나님의 생명으로 사는 것이다. 그것이 아버지의 뜻이며, 하나님의 일이다.

요일 5:11-12 11 또 증거는 이것이니 하나님이 우리에게 영생을 주신 것과 이 생명이 그의 아들 안에 있는 그것이니라 12 아들이 있는 자에게는 생명이 있고 하나님의 아들이 없는 자에게는 생명이 없느니라

요 6:56-57 56 내 살을 먹고 내 피를 마시는 자는 내 안에 거하고 나도 그의 안에 거하나니 57 살아 계신 아버지께서 나를 보내시매 내가 아버지로 말미암아 사는 것 같이 나를 먹는 그 사람도 나로 말미암아 살리라

요 15:4-5 4 내 안에 거하라 나도 너희 안에 거하리라 가지가 포도나무에

붙어 있지 아니하면 스스로 열매를 맺을 수 없음 같이 너희도 내 안에 있지 아니하면 그러하리라 5 나는 포도나무요 너희는 가지라 그가 내 안에, 내가 그 안에 거하면 사람이 열매를 많이 맺나니 나를 떠나서는 너희가 아무 것도 할 수 없음이라

요 14:10-11 10 내가 아버지 안에 거하고 아버지는 내 안에 계신 것을 네가 믿지 아니하느냐 내가 너희에게 이르는 말은 스스로 하는 것이 아니라 아버지께서 내 안에 계셔서 그의 일을 하시는 것이라 11 내가 아버지 안에 거하고 아버지께서 내 안에 계심을 믿으라 그렇지 못하겠거든 행하는 그 일로 말미암아 나를 믿으라

재물이 많은 청년(마 19:16-22, 막 10:17-22, 눅 18:18-23)

마 19:16-22 16 어떤 사람이 주께 와서 이르되 선생님이여 내가 무슨 선한 일을 하여야 영생을 얻으리이까 17 예수께서 이르시되 어찌하여 선한 일을 내게 묻느냐 선한 이는 오직 한 분이시니라 네가 생명에 들어 가려면 계명들을 지키라 18 이르되 어느 계명이오니이까 예수께서 이르시되 살인하지 말라, 간음하지 말라, 도둑질하지 말라, 거짓 증언 하지 말라, 19 네 부모를 공경하라, 네 이웃을 네 자신과 같이 사랑하라 하신 것이니라 20 그 청년이 이르되 이 모든 것을 내가 지키었사온대* 아직도 무엇이

---

* (생명의 떡으로 하지 않고) 인간의 노력으로 지켰다는 말

부족하니이까 ²¹ 예수께서 이르시되 네가 온전하고자 할진대 가서 네 소유를 팔아 가난한 자들에게 주라 그리하면 하늘에서 보화가 네게 있으리라 그리고 와서 나를 따르라 하시니 ²² 그 청년이 재물이 많으므로 이 말씀을 듣고 근심하며 가니라*

"하나님께서 보내신 이를 믿는 것이 하나님의 일이니라 하시니"(요 6:29) 하나님의 일은 하나님께서 보내신 이, 즉 예수님을 믿는 것인데 그것은 하나님께서 보내신 예수님이 생명의 떡임을 믿는 것이다.

하나님의 일을 하는 구체적인 방법은 생명의 떡이신 예수 그리스도가 우리의 양식이 되어 하나님의 생명 안에 있어 하나님의 생명으로 사는 것이다. 그것이 하나님의 일이다.

생명의 떡을 먹지 않고 내가 열심히 일하는 것만으로는 하나님의 일을 이룰 수 없다. 육의 양식을 잘 먹는 사람이 건강하여 활동을 잘 하듯이 영의 양식인 생명의 떡을 먹는 사람이 하나님의 일을 왕성하게 잘 할 수 있게 된다.

---

* 세상 사랑과 자기 사랑이 예수와 함께 십자가에 못 박히지 않은 사람, 즉 회개가 이루어지지 않은 사람이다.

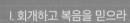

회개와 복음

I

회개하고
복음을 믿으라

막 1:15 이르시되 때가 찼고 하나님의 나라가 가까이 왔으니 회개하고 복음을 믿으라 하시더라

예수님께서는 회개하고 복음을 믿으라고 하신다.

막 1:1-5 ¹ 하나님의 아들 예수 그리스도의 복음의 시작이라 ² 선지자 이사야의 글에 보라 내가 내 사자를 네 앞에 보내노니 그가 네 길을 준비하리라 ³ 광야에 외치는 자의 소리가 있어 이르되 너희는 주의 길을 준비하라 그의 오실 길을 곧게 하라 기록된 것과 같이 ⁴ 세례 요한이 광야에 이르러 죄 사함을 받게 하는 회개의 세례를 전파하니 ⁵ 온 유대 지방과 예루살렘 사람이 다 나아가 자기 죄를 자복하고 요단 강에서 그에게 세례를 받더라

마가는 예수 그리스도의 복음의 시작을 말하면서 죄 사함을 받게 하는 회개의 세례를 전파하는 세례요한에 대하여 말하였다.

행 20:20-21 ²⁰ 유익한 것은 무엇이든지 공중 앞에서나 각 집에서나 거리낌이 없이 여러분에게 전하여 가르치고 ²¹ 유대인과 헬라인들에게 하나님께 대한 회개와 우리 주 예수 그리스도께 대한 믿음을 증언한 것이라

주님께서 나의 죄를 대신 담당하시고 십자가에서 죽으심으로 나의 죄가 사하여졌다는 사실을 인정하는 믿음의 고백에는 회개가 함께 있어야 한다.

II

회개란 무엇인가?

<u>눅 5:32</u> 내가 의인을 부르러 온 것이 아니요 죄인을 불러 회개시키러 왔노라

<u>행 2:38</u> 베드로가 이르되 너희가 회개하여 각각 예수 그리스도의 이름으로 세례를 받고 죄 사함을 받으라 그리하면 성령의 선물을 받으리니

1. 회개는 죄 사함을 받아야 하는 자임을 고백하는 것이다

<u>눅 18:11-13</u> ¹¹ 바리새인은 서서 따로 기도하여 이르되 하나님이여 나는 다른 사람들 곧 토색, 불의, 간음을 하는 자들과 같지 아니하고 이 세리와도 같지 아니함을 감사하나이다 ¹² 나는 이레에 두 번씩 금식하고 또 소득의 십일조를 드리나이다 하고 ¹³ 세리는 멀리 서서 감히 눈을 들어 하늘을 쳐다보지도 못하고 다만 가슴을 치며 이르되 하나님이여 불쌍

히 여기소서 나는 죄인이로소이다 하였느니라

세리는 하나님을 떠나 살던 죄를 스스로 해결할 수 없는 죄인임을 깨닫고, 예수 그리스도의 십자가 은혜로 죄 사함을 받아야 하는 자임을 알아 "하나님이여 불쌍히 여기소서 나는 죄인이로소이다"라고 고백한다.

회개는 내가 죄를 지었다는 단순한 고백이 아니다. 자신이 세리와 같이 하나님의 뜻을 도저히 이룰 수 없는 무력자(히 6:1, 엡 2:1-3, 요 9:41)라는 것을 통절히 느끼고 비통해하는 마음으로, 값없이 예수 그리스도의 십자가 은혜로 죄 사함을 받아야 하는 자임을 고백하는 것이다.

히 6:1 그러므로 우리가 그리스도의 도의 초보를 버리고 죽은 행실*을 회개함과 하나님께 대한 신앙과

엡 2:1-3 ¹ 그는 허물과 죄로 죽었던 너희를 살리셨도다 ² 그 때에 너희는 그 가운데서 행하여 이 세상 풍조를 따르고 공중의 권세 잡은 자를 따랐으니 곧 지금 불순종의 아들들 가운데서 역사하는 영이라 ³ 전에는 우리도 다 그 가운데서 우리 육체의 욕심을 따라 지내며 육체와 마음의 원

---

* 공중의 권세 잡은 자를 따라서 육체의 욕심을 따라 지내며 육체와 마음의 원하는 것을 하며 사는 생활(엡 2:1-3).

하는 것을 하여 다른 이들과 같이 본질상 진노의 자녀이었더니

요 9:41 예수께서 이르시되 너희가 맹인이 되었더라면 죄가 없으려니와 본다고 하니 너희 죄가 그대로 있느니라

2. 회개*의 뜻

회개는 삶의 방향을 바꾼다는 뜻이다. 회개는 잘못된 행동과 습관을 뉘우치고 자신이 노력하여 고치겠다고 결단하는 정도가 아니라, "속사람이 근본적으로 새롭게 변화하는 것"을 뜻한다.

1) 회개는 하나님 아버지가 없는 삶에서 돌아서서, 하나님 아버지께로 나아가는 것이다

눅 15:18-20 18 내가 일어나 아버지께 가서 이르기를 아버지 내가 하늘과 아버지께 죄를 지었사오니 19 지금부터는 아버지의 아들이라 일컬음을 감당하지 못하겠나이다 나를 품꾼의 하나로 보소서 하리라 하고 20 이에 일어나서 아버지께로 돌아가니라 아직도 거리가 먼데 아버지가 그를 보고 측은히 여겨 달려가 목을 안고 입을 맞추니

---

* 悔改, Repentance, μετανόια, 메타노이아, metanoia, 방향을 바꾸다(Return), 뒤집어 엎는다.

2) 회개한 자는 나 자신이 나의 주인이 아니고, 예수 그리스도를 나의 주인으로 모시는 것이다

<u>벧전 2:9</u> 그러나 너희는 택하신 족속이요 왕 같은 제사장들이요 거룩한 나라요 그의 소유가 된 백성이니 이는 너희를 어두운 데서 불러 내어 그의 기이한 빛에 들어가게 하신 이의 아름다운 덕을 선포하게 하려 하심 이라

3) 회개는 죄 사함을 받은 자에게 주시는 성령으로 살아(행2:38) 지금까지 자기가 원하는 것과 세상을 사랑하는 것을 버리고, 하나님을 사랑하여 하나님의 뜻을 따라 살겠다는 결단을 하는 것이다

<u>갈 5:16</u> 내가 이르노니 너희는 성령을 따라 행하라 그리하면 육체의 욕심을 이루지 아니하리라

<u>요일 2:15</u> 이 세상이나 세상에 있는 것들을 사랑하지 말라 누구든지 세상을 사랑하면 아버지의 사랑이 그 안에 있지 아니하니

회개는 잘못된 행동과 습관을 뉘우치고 자신이 노력하여 고치겠다고 결단하는 것이 아니라, 하나님 아버지가 없는 삶에서 돌아서서, 하나님 아버지께로 나아가는 것이다. 회개는 지금까지 자기가 원하는 것과 세상을 사랑하는 것을 버리고, 하나님을 사랑하여 죄 사함을 받은 자에게 주시는 성령 안에서 하나님의 뜻을 따라 살겠다는 결단을 하는 것이다.

III

복음의 비밀

엡 6:19 또 나를 위하여 구할 것은 내게 말씀을 주사 나로 입을 열어 복음의 비밀을 담대히 알리게 하옵소서 할 것이니

1. 하나님의 비밀인 그리스도

골 2:2 이는 그들로 마음에 위안을 받고 사랑 안에서 연합하여 확실한 이해의 모든 풍성함과 하나님의 비밀*인 그리스도를 깨닫게 하려 함이니

고전 2:12-14 12 우리가 세상의 영을 받지 아니하고 오직 하나님으로부터 온 영을 받았으니 이는 우리로 하여금 하나님께서 우리에게 은혜로 주신 것들을 알게 하려 하심이라 13 우리가 이것을 말하거니와 사람의 지

---

* 그리스도는 하나님의 비밀이기에 인간의 지혜로 스스로 깨달아 알 수가 없고, 하나님께서 알려 주셔야 깨달을 수 있다.

혜가 가르친 말로 아니하고 오직 성령께서 가르치신 것으로 하니 영적인 일은 영적인 것으로 분별하느니라 **14** 육에 속한 사람은 하나님의 성령의 일들을 받지 아니하나니 이는 그것들이 그에게는 어리석게 보임이요, 또 그는 그것들을 알 수도 없나니 그러한 일은 영적으로 분별되기 때문이라

"하나님께서 우리에게 은혜로 주신 것들을 알게 하려 하심이라"(12절)

1) 하나님께서 우리에게 은혜로 주신 것들

롬 3:24 그리스도 예수 안에 있는 속량으로 말미암아 하나님의 은혜로 값 없이 의롭다 하심을 얻은 자 되었느니라

예수님께서 십자가에 못 박히심으로 값없이 내 죄가 사해졌음은 하나님의 은혜이다.

2) 그런데 이 은혜는 영혼이 죽은 육에 속한 사람이 스스로 깨달아 알 수가 없다

고전 2:14 육에 속한 사람은 하나님의 성령의 일들을 받지 아니하나니

이는 그것들이 그에게는 어리석게 보임이요, 또 그는 그것들을 알 수도 없나니 그러한 일은 영적으로 분별되기 때문이라

고후 4:4 그 중에 이 세상의 신이 믿지 아니하는 자들의 마음을 혼미하게 하여 그리스도의 영광의 복음의 광채가 비치지 못하게 함이니 그리스도는 하나님의 형상이니라

고전 1:21 하나님의 지혜에 있어서는 이 세상이 자기 지혜로 하나님을 알지 못하므로 하나님께서 전도의 미련한 것으로 믿는 자들을 구원하시기를 기뻐하셨도다

3) 하나님께서 알게 하심으로 아는 것이다

마 16:15-17 15 이르시되 너희는 나를 누구라 하느냐 16 시몬 베드로가 대답하여 이르되 주는 그리스도시요 살아 계신 하나님의 아들이시니이다 17 예수께서 대답하여 이르시되 바요나 시몬아 네가 복이 있도다 이를 네게 알게 한 이는 혈육이 아니요 하늘에 계신 내 아버지시니라

우리도 베드로와 같이 하나님께서 알게 하심으로 예수님을 그리스도라고 고백해야 한다.

고전 12:3 그러므로 내가 너희에게 알리노니 하나님의 영으로 말하는 자는 누구든지 예수를 저주할 자라 하지 아니하고 또 성령으로 아니하고는 누구든지 예수를 주시라 할 수 없느니라

엡 1:7-9 7 우리는 그리스도 안에서 그의 은혜의 풍성함을 따라 그의 피로 말미암아 속량 곧 죄 사함을 받았느니라 8 이는 그가 모든 지혜와 총명을 우리에게 넘치게 하사 9 그 뜻의 비밀을 우리에게 알리신 것이요 그의 기뻐하심을 따라 그리스도 안에서 때가 찬 경륜을 위하여 예정하신 것이니

고후 4:6-7 6 어두운 데에 빛이 비치라 말씀하셨던 그 하나님께서 예수 그리스도의 얼굴에 있는 하나님의 영광을 아는 빛을 우리 마음에 비추셨느니라 7 우리가 이 보배를 질그릇에 가졌으니 이는 심히 큰 능력은 하나님께 있고 우리에게 있지 아니함을 알게 하려 함이라

하나님의 영광을 아는 빛

시 67:1-2 1 하나님은 우리에게 은혜를 베푸사 복을 주시고 그의 얼굴 빛을 우리에게 비추사 (셀라) 2 주의 도를 땅 위에, 주의 구원을 모든 나라에게 알리소서

시 80:3 하나님이여 우리를 돌이키시고 주의 얼굴빛을 비추사 우리가

구원을 얻게 하소서

욥 33:28-30 ²⁸ 하나님이 내 영혼을 건지사 구덩이에 내려가지 않게 하셨으니 내 생명이 빛을 보겠구나 하리라 ²⁹ 실로 하나님이 사람에게 이 모든 일을 재삼 행하심은 ³⁰ 그들의 영혼을 구덩이에서 이끌어 생명의 빛을 그들에게 비추려 하심이니라

요 1:1-5 ¹ 태초에 말씀이 계시니라 이 말씀이 하나님과 함께 계셨으니 이 말씀은 곧 하나님이시니라 ² 그가 태초에 하나님과 함께 계셨고 ³ 만물이 그로 말미암아 지은 바 되었으니 지은 것이 하나도 그가 없이는 된 것이 없느니라 ⁴ 그 안에 생명이 있었으니 이 생명은 사람들의 빛이라 5 빛이 어둠에 비치되 어둠이 깨닫지 못하더라

성도들의 영적 성숙을 위한 사도바울의 간구

엡 1:17-19 ¹⁷ 우리 주 예수 그리스도의 하나님, 영광의 아버지께서 지혜와 계시의 영을 너희에게 주사 하나님을 알게 하시고 ¹⁸ 너희 마음의 눈을 밝히사 그의 부르심의 소망이 무엇이며 성도 안에서 그 기업의 영광의 풍성함이 무엇이며 ¹⁹ 그의 힘의 위력으로 역사하심을 따라 믿는 우리에게 베푸신 능력의 지극히 크심이 어떠한 것을 너희로 알게 하시기를 구하노라

예수님께서 십자가에 못 박히심으로 값없이 내 죄가 사해졌음은 하나님의 은혜이다.

롬 3:24 그리스도 예수 안에 있는 속량으로 말미암아 하나님의 은혜로 값 없이 의롭다 하심을 얻은 자 되었느니라

그런데 이 은혜는 죽은 영혼이 스스로 깨달아 알 수가 없는 하나님의 비밀이다.

골 2:2 이는 그들로 마음에 위안을 받고 사랑 안에서 연합하여 확실한 이해의 모든 풍성함과 하나님의 비밀인 그리스도를 깨닫게 하려 함이니

그리스도는 하나님의 비밀이기에 인간의 지혜로 스스로 깨달아 알 수가 없고, 하나님께서 하나님의 영광을 아는 빛을 우리 마음에 비추어 주시어 알게 하심으로 깨달을 수 있다.

고후 4:6 어두운 데에 빛이 비치라 말씀하셨던 그 하나님께서 예수 그리스도의 얼굴에 있는 하나님의 영광을 아는 빛을 우리 마음에 비추셨느니라

시 80:3 하나님이여 우리를 돌이키시고 주의 얼굴빛을 비추사 우리가

구원을 얻게 하소서

2. 그리스도 안에 감추어진 보화

골 2:2-3 ² 이는 그들로 마음에 위안을 받고 사랑 안에서 연합하여 확실한 이해의 모든 풍성함과 하나님의 비밀인 그리스도를 깨닫게 하려 함이니 ³ 그 안에는 지혜와 지식의 모든 보화가 감추어져 있느니라

하나님의 비밀인 그리스도를 깨달은 사람은 그리스도 안에 감추어진 보화를 발견하게 된다.

1) 하나님의 비밀인 그리스도를 깨달은 사도바울

빌 3:8-9 ⁸ 또한 모든 것을 해로 여김은 내 주 그리스도 예수를 아는 지식이 가장 고상하기 때문이라 내가 그를 위하여 모든 것을 잃어버리고 배설물로 여김은 그리스도를 얻고 ⁹ 그 안에서 발견되려 함이니* 내가 가진 의는 율법에서 난 것이 아니요 오직 그리스도를 믿음으로 말미암은 것이니 곧 믿음으로 하나님께로부터 난 의라

---

* "하나님께서 예수 그리스도의 얼굴에 있는 하나님의 영광을 아는 빛을 우리 마음에 비추셨을 때(고후4:6)" 예수 그리스도 십자가 안에서 함께 죽은 내가 발견된다.

<u>롬 6:6</u> 우리가 알거니와* 우리의 옛 사람이 예수와 함께 십자가에 못 박힌 것은 죄의 몸이 죽어 다시는 우리가 죄에게 종 노릇 하지 아니하려 함이니

하나님의 비밀인 그리스도를 깨달은 사도바울이 예수 그리스도의 십자가 안에서 함께 죽은 자신을 발견한 것과 같이, 우리도 예수 그리스도 십자가에 예수와 함께 못 박힌 나를 발견해야 한다.

<u>고후 5:14</u> 그리스도의 사랑이 우리를 강권하시는도다 우리가 생각하건대 한 사람이 모든 사람을 대신하여 죽었은즉 모든 사람이 죽은 것이라

2) 사도바울이 발견한 그리스도 안에 감추어진 보화

하나님의 비밀인 그리스도를 깨달아 십자가 안에서 함께 죽은 자신을 발견한 사도바울의 두 가지 고백

① "내가 가진 의는 율법에서 난 것이 아니요"

<u>빌 3:9</u> 내가 가진 의는 율법에서 난 것이 아니요 오직 그리스도를 믿음

---

* 하나님의 영광을 아는 빛을 우리 마음에 비추어 주실 때 우리의 옛 사람이 예수와 함께 십자가에 못 박힌 것을 보고 알게 된다.

으로 말미암은 것이니 곧 믿음으로 하나님께로부터 난 의라

내게 율법을 지킬 능력이 있다고 생각하며 율법의 의로 흠 없게 살면 되는 줄 알았던 사울은 하나님의 빛을 비추임 받고 난 후 자신이 율법을 지킬 능력이 없다는 사실을 깨닫게 된다. 율법을 지킬 능력이 없는 나, 내가 스스로 올바로 살 수 없고, 내가 스스로 죄를 해결할 능력이 없음을 깨닫게 된다. 이것이 감추어진 보화이다.

롬 3:28 그러므로 사람이 의롭다 하심을 얻는 것은 율법의 행위에 있지 않고 믿음으로 되는 줄 우리가 인정하노라

롬 8:7 육신의 생각은 하나님과 원수가 되나니 이는 하나님의 법에 굴복하지 아니할 뿐 아니라 할 수도 없음이라

하나님께서 예수 그리스도의 얼굴에 있는 하나님의 영광을 아는 빛을 우리 마음에 비추어 주실 때, 의를 행할 능력을 상실한 나, 스스로 죄를 해결할 능력이 없는 나인 것을 깨닫게 된다.

엡 2:1 그는 허물과 죄로 죽었던 너희를 살리셨도다

죽은 시체가 스스로 손가락 하나 까딱할 수 없듯이, 하나님을 떠

난 죽은 영혼은 의를 행할 능력을 상실하여 한 가지 의도 행할 수 없다. 예수를 믿기 전에 내가 바르게 한 일도 있고 죄 된 일도 했는데, 죄 된 일을 위하여 예수님이 십자가를 지심으로 내 죄가 사해져 구원받았다고 생각한다면, 그 사람은 아직 예수님의 십자가를 잘못 알고 있는 사람이다.

롬 10:2-3 ² 내가 증언하노니 그들이 하나님께 열심이 있으나 올바른 지식을 따른 것이 아니니라 ³ 하나님의 의를 모르고 자기 의를 세우려고 힘써 하나님의 의에 복종하지 아니하였느니라

내 영혼이 허물과 죄로 죽어 의를 행할 능력이 상실된 것을 깨닫지 못하면, 내가 노력하여 계명을 지킴으로 하나님 앞에 의롭다함을 받으려 한다.

요 9:39-41 ³⁹ 예수께서 이르시되 내가 심판하러 이 세상에 왔으니 보지 못하는 자들은 보게 하고 보는 자들은 맹인이 되게 하려 함이라 하시니 ⁴⁰ 바리새인 중에 예수와 함께 있던 자들이 이 말씀을 듣고 이르되 우리도 맹인인가 ⁴¹ 예수께서 이르시되 너희가 맹인이 되었더라면 죄가 없으려니와 본다고 하니 너희 죄가 그대로 있느니라

보는 자들(39절), 본다고 하니(41절): 내게 율법을 지킬 능력이 있다

고 생각하며 내 의지로 노력하여 율법을 지키며 살 수 있다고 생각하는 자들.

보지 못하는 자들(39절), 맹인이 되었더라면(41절): 율법을 지킬 능력이 없고, 내가 스스로 죄를 해결할 능력이 없는 것을 깨닫는 자들.

하나님이 빛을 비추어 주심으로, 의롭게 살 수 있는 능력을 상실한 나를 아는 것, 내 죄를 내가 해결할 수 없기에 죄 없으신 예수님께서 내 죄를 대신하여 십자가에 못 박히심으로 내 죄가 사하여지는 방법밖에 없음을 깨달아 아는 것, 나 스스로 율법의 행위로 의롭게 할 능력이 없기에 죄 사함을 받은 자에게 주시는 성령으로 살아야 율법의 요구를 이루는 삶을 살 수 있음을 깨달아 아는 것, 이것이 그리스도 안에 있는 지혜와 지식의 감추어진 보화이다.

롬 8:7 육신의 생각은 하나님과 원수가 되나니 이는 하나님의 법에 굴복하지 아니할 뿐 아니라 할 수도 없음이라

행 2:38 베드로가 이르되 너희가 회개하여 각각 예수 그리스도의 이름으로 세례를 받고 죄 사함을 받으라 그리하면 성령의 선물을 받으리니

롬 8:4 육신을 따르지 않고 그 영을 따라 행하는 우리에게 율법의 요구가 이루어지게 하려 하심이니라

성령을 따라 행하는 자에게 율법의 요구를 이루어 주신다. 나를 통해 하나님께서 하시는 것이다.

갈 5:16 내가 이르노니 너희는 성령을 따라 행하라 그리하면 육체의 욕심을 이루지 아니하리라

②"내가 그를 위하여 모든 것을 잃어버리고 배설물로 여김"

빌 3:8 또한 모든 것을 해로 여김은 내 주 그리스도 예수를 아는 지식이 가장 고상하기 때문이라 내가 그를 위하여 모든 것을 잃어버리고 배설물로 여김은 그리스도를 얻고

내 주 그리스도 예수를 아는 지식(감추어진 보화)을 얻게 되면 ⇒ 모든 것을 잃어버리고 배설물로 여기는 역사가 일어난다.

갈 5:24 그리스도 예수의 사람들은 육체와 함께 그 정욕과 탐심을 십자가에 못 박았느니라

나의 정욕과 탐심이 십자가에서 죽은 나를 발견한 사람은 그동안 세상에서 귀하게 여겨졌던 것들을 배설물로 여기는 역사가 일어난다. 정욕과 탐심이 십자가에서 죽지 않으면 세상 것에 의하여 마음

이 요동하며 세상에서 원하는 것이 이루어지면 좋아하고, 원하는 것이 이루어지지 않으면 괴로워한다. 그러나 정욕과 탐심이 십자가에 죽은 사람은 세상 것에 의하여 마음이 요동하거나 흔들리지 않는다.

시 125:1 여호와를 의지하는 자는 시온 산이 흔들리지 아니하고 영원히 있음 같도다

시 55:22 네 짐을 여호와께 맡기라 그가 너를 붙드시고 의인의 요동함을 영원히 허락하지 아니하시리로다

행 2:25 다윗이 그를 가리켜 이르되 내가 항상 내 앞에 계신 주를 뵈었음이여 나로 요동하지 않게 하기 위하여 그가 내 우편에 계시도다

히 12:28 그러므로 우리가 흔들리지 않는 나라를 받았은즉 은혜를 받자 이로 말미암아 경건함과 두려움으로 하나님을 기쁘시게 섬길지니

마 13:44 천국은 마치 밭에 감추인 보화와 같으니 사람이 이를 발견한 후 숨겨 두고 기뻐하며 돌아가서 자기의 소유를 다 팔아 그 밭을 사느니라

3. 감추인 보화를 소유하고 사는 자의 새로운 삶

엡 4:22-24 ²² 너희는 유혹의 욕심을 따라 썩어져 가는 구습을 따르는 옛 사람을 벗어 버리고 ²³ 오직 너희의 심령이 새롭게 되어 ²⁴ 하나님을 따라 의와 진리의 거룩함으로 지으심을 받은 새 사람을 입으라

1) 하나님의 영으로 인도함을 받는 사람이 된다

롬 8:14 무릇 하나님의 영으로 인도함을 받는 사람은 곧 하나님의 아들이라

엡 2:10 우리는 그가 만드신 바라 그리스도 예수 안에서 선한 일을 위하여 지으심을 받은 자니 이 일은 하나님이 전에 예비하사 우리로 그 가운데서 행하게 하려 하심이니라

롬 8:4 육신을 따르지 않고 그 영을 따라 행하는 우리에게 율법의 요구가 이루어지게 하려 하심이니라

2) 주님의 평안이 임한다

요 14:26-27 ²⁶ 보혜사 곧 아버지께서 내 이름으로 보내실 성령 그가 너

희에게 모든 것을 가르치고 내가 너희에게 말한 모든 것을 생각나게 하리라 ²⁷ 평안을 너희에게 끼치노니 곧 나의 평안을 너희에게 주노라 내가 너희에게 주는 것은 세상이 주는 것과 같지 아니하니라 너희는 마음에 근심하지도 말고 두려워하지도 말라

3) 기쁨이 충만하게 된다

요일 1:3-4 ³ 우리가 보고 들은 바를 너희에게도 전함은 너희로 우리와 사귐이 있게 하려 함이니 우리의 사귐은 아버지와 그의 아들 예수 그리스도와 더불어 누림이라 ⁴ 우리가 이것을 씀은 우리의 기쁨이 충만하게 하려 함이라

살전 5:16-18 ¹⁶ 항상 기뻐하라 ¹⁷ 쉬지 말고 기도하라 ¹⁸ 범사에 감사하라 이것이 그리스도 예수 안에서 너희를 향하신 하나님의 뜻이니라

빌 4:4 주 안에서 항상 기뻐하라 내가 다시 말하노니 기뻐하라

4) 성령의 열매를 맺는다

갈 5:22-23 ²² 오직 성령의 열매는 사랑과 희락과 화평과 오래 참음과 자비와 양선과 충성과 ²³ 온유와 절제니 이같은 것을 금지할 법이 없

느니라

5) 전도하는 자가 된다

<u>골 4:3</u> 또한 우리를 위하여 기도하되 하나님이 전도할 문을 우리에게 열어 주사 그리스도의 비밀을 말하게 하시기를 구하라 내가 이 일 때문에 매임을 당하였노라

하나님의 비밀을 깨닫는 자 되었으면, 하나님의 비밀을 전하는 자가 되어야 한다.

<u>마 5:16</u> 이같이 너희 빛이 사람 앞에 비치게 하여 그들로 너희 착한 행실을 보고 하늘에 계신 너희 아버지께 영광을 돌리게 하라

하나님의 영광을 아는 빛을 마음에 비추임 받은 자에게 예수님은 "너희는 세상의 빛이라" 하시며 성령을 따라 사는 "착한 행실로 하나님께 영광을 돌리게 하라"고 말씀하신다.

전도와 선교는 성령 안에서 사람들 앞에 빛을 비추는 삶을 살면서

▸ 하나님의 비밀인 그리스도를 전하는 것이다.

▸ 생명의 빛이신 예수 그리스도를 전하는 것이다.

▸ 새 생명으로 살게 하시는 예수 그리스도를 전하는 것이다.

요 14:6 예수께서 이르시되 내가 곧 길이요 진리요 생명이니 나로 말미암지 않고는 아버지께로 올 자가 없느니라

요 3:16 하나님이 세상을 이처럼 사랑하사 독생자를 주셨으니 이는 그를 믿는 자마다 멸망하지 않고 영생을 얻게 하려 하심이라

"하나님께서 예수 그리스도의 얼굴에 있는 하나님의 영광을 아는 빛을 우리 마음에 비추셨을 때(고후 4:6)" 예수 그리스도 십자가 안에서 함께 죽은 내가 발견되고(빌 3:9), 알게 된다(롬 6:6).

그때에 율법을 지킬 능력이 없는 나, 내가 스스로 올바로 살 수 없고, 내가 스스로 죄를 해결할 능력이 없을 뿐만 아니라 스스로 율법의 행위로 의롭게 할 능력이 없기에 죄 사함을 받은 자에게 주시는 성령으로 살아야 율법의 요구를 이루는 삶을 살 수 있음을 알게 된다(빌 3:9). 그리고 세상에서 귀하게 여겨졌던 것들을 배설물로 여기는 역사가 일어난다(갈 5:24, 빌 3:8).

IV

복음을 받아들이기 위해
필요한 것들

예수님

막 4:10-12 ¹⁰ 예수께서 홀로 계실 때에 함께 한 사람들이 열두 제자와 더불어 그 비유들에 대하여 물으니 ¹¹ 이르시되 하나님 나라의 비밀을 너희에게는 주었으나 외인에게는 모든 것을 비유로 하나니 ¹² 이는 그들로 보기는 보아도 알지 못하며 듣기는 들어도 깨닫지 못하게 하여 돌이켜 죄 사함을 얻지 못하게 하려 함이라 하시고

모세

신 29:2-4 ² 모세가 온 이스라엘을 소집하고 그들에게 이르되 여호와께서 애굽 땅에서 너희의 목전에 바로와 그의 모든 신하와 그의 온 땅에 행하신 모든 일을 너희가 보았나니 ³ 곧 그 큰 시험과 이적과 큰 기사를 네 눈으로 보았느니라 ⁴ 그러나 깨닫는 마음과 보는 눈과 듣는 귀는 오늘 여호와께서 너희에게 주지 아니하셨느니라

바울

고전 2:9 기록된 바 하나님이 자기를 사랑하는 자들을 위하여 예비하신 모든 것은 눈으로 보지 못하고 귀로 듣지 못하고 사람의 마음으로 생각하지도 못하였다 함과 같으니라

1. 깨닫는 마음

막 8:14-21 ¹⁴ 제자들이 떡 가져오기를 잊었으매 배에 떡 한 개밖에 그들에게 없더라 ¹⁵ 예수께서 경고하여 이르시되 삼가 바리새인들의 누룩*과 헤롯의 누룩**을 주의하라 하시니 ¹⁶ 제자들이 서로 수군거리기를 이는 우리에게 떡이 없음이로다 하거늘 ¹⁷ 예수께서 아시고 이르시되 너희가 어찌 떡이 없음으로 수군거리느냐 아직도 알지 못하며 깨닫지 못하느냐 너희 마음이 둔하냐 ¹⁸ 너희가 눈이 있어도 보지 못하며 귀가 있어도 듣지 못하느냐 또 기억하지 못하느냐 ¹⁹ 내가 떡 다섯 개를 오천 명에게 떼어 줄 때에 조각 몇 바구니를 거두었더냐 이르되 열둘이니이다 ²⁰ 또 일곱 개를 사천 명에게 떼어 줄 때에 조각 몇 광주리를 거두었더냐 이르되 일곱이니이다 ²¹ 이르시되 아직도 깨닫지 못하느냐 하시니라

마 16:9-11 ⁹ 너희가 아직도 깨닫지 못하느냐 떡 다섯 개로 오천 명을 먹

---

* 위선
** 세속성, 육신의 욕심

이고 주운 것이 몇 바구니며 ¹⁰ 떡 일곱 개로 사천 명을 먹이고 주운 것이 몇 광주리였는지를 기억하지 못하느냐 ¹¹ 어찌 내 말한 것이 떡에 관함이 아닌 줄을 깨닫지 못하느냐 오직 바리새인과 사두개인들의 누룩을 주의하라 하시니

예수님께서는 제자들에게 떡 다섯 개로 오천 명을 먹이시고 떡 일곱 개로 사천 명을 먹이시는 기적을 베푸심을 통하여 생명이신 하나님을 깨닫게 하려 하셨으나 그들은 깨닫지 못하였다.

고전 2:14 육에 속한 사람은 하나님의 성령의 일들을 받지 아니하나니 이는 그것들이 그에게는 어리석게 보임이요, 또 그는 그것들을 알 수도 없나니 그러한 일은 영적으로 분별되기 때문이라

눅 10:21-22 ²¹ 그 때에 예수께서 성령으로 기뻐하시며 이르시되 천지의 주재이신 아버지여 이것을 지혜롭고 슬기 있는 자*들에게는 숨기시고 어린 아이들**에게는 나타내심을 감사하나이다 옳소이다 이렇게 된 것이 아버지의 뜻이니이다 ²² 내 아버지께서 모든 것을 내게 주셨으니 아버지 외에는 아들이 누구인지 아는 자가 없고 아들과 또 아들의 소원대

로 계시를 받는 자* 외에는 아버지가 누구인지 아는 자가 없나이다 하시고

요 1:9-13 ⁹ 참 빛 곧 세상에 와서 각 사람에게 비추는 빛이 있었나니 ¹⁰ 그가 세상에 계셨으며 세상은 그로 말미암아 지은 바 되었으되 세상이 그를 알지 못하였고 ¹¹ 자기 땅에 오매 자기 백성이 영접하지 아니하였으나 ¹² 영접하는 자 곧 그 이름을 믿는 자들에게는 하나님의 자녀가 되는 권세를 주셨으니 ¹³ 이는 혈통으로나 육정으로나 사람의 뜻으로 나지 아니하고 오직 하나님께로부터 난 자들이니라(p.74 : 하나님의 비밀인 그리스도)

2. 보는 눈

마 15:14 그냥 두라 그들은 맹인이 되어 맹인을 인도하는 자로다 만일 맹인이 맹인을 인도하면 둘이 다 구덩이에 빠지리라 하시니

마 23:26 눈 먼 바리새인이여 너는 먼저 안을 깨끗이 하라 그리하면 겉도 깨끗하리라

---

* 예수님이 하나님 아버지를 알려 주고자 하여 계시를 받은 자

눅 6:39 또 비유로 말씀하시되 맹인이 맹인을 인도할 수 있느냐 둘이 다 구덩이에 빠지지 아니하겠느냐

요9:39-41 39 예수께서 이르시되 내가 심판하러 이 세상에 왔으니 보지 못하는 자들은 보게 하고 보는 자들은 맹인이 되게 하려 함이라 하시니 40 바리새인 중에 예수와 함께 있던 자들이 이 말씀을 듣고 이르되 우리 도 맹인인가 41 예수께서 이르시되 너희가 맹인이 되었더라면 죄가 없 으려니와 본다고 하니 너희 죄가 그대로 있느니라

눅 10:23-24 23 제자들을 돌아 보시며 조용히 이르시되 너희가 보는 것을 보는 눈은 복이 있도다 24 내가 너희에게 말하노니 많은 선지자와 임금 이 너희가 보는 바를 보고자 하였으되 보지 못하였으며 너희가 듣는 바 를 듣고자 하였으되 듣지 못하였느니라

벧후 1:5-9 5 그러므로 너희가 더욱 힘써 너희 믿음에 덕을, 덕에 지식을, 6 지식에 절제를, 절제에 인내를, 인내에 경건을, 7 경건에 형제 우애를, 형제 우애에 사랑을 더하라 8 이런 것이 너희에게 있어 흡족한즉 너희 로 우리 주 예수 그리스도를 알기에 게으르지 않고 열매 없는 자가 되지 않게 하려니와 9 이런 것이 없는 자는 맹인이라 멀리 보지 못하고 그의 옛 죄가 깨끗하게 된 것을 잊었느니라

이런 것이 없는 자는 맹인(육적으로 보는 근시안적인 사람)이라 멀리 보지 못한다.

3. 듣는 귀

막 4:23 들을 귀 있는 자는 들으라

계 2:29 귀 있는 자는 성령이 교회들에게 하시는 말씀을 들을지어다

눅 10:24 내가 너희에게 말하노니 많은 선지자와 임금이 너희가 보는 바를 보고자 하였으되 보지 못하였으며 너희가 듣는 바를 듣고자 하였으되 듣지 못하였느니라

4. 보는 것으로 하지 아니함

고후 5:1-5 ¹ 만일 땅에 있는 우리의 장막 집이 무너지면 하나님께서 지으신 집 곧 손으로 지은 것이 아니요 하늘에 있는 영원한 집이 우리에게 있는 줄 아느니라 ² 참으로 우리가 여기 있어 탄식하며 하늘로부터 오는 우리 처소로 덧입기를 간절히 사모하노라 ³ 이렇게 입음은 우리가 벗은 자들로 발견되지 않으려 함이라 ⁴ 참으로 이 장막에 있는 우리가 짐진 것 같이 탄식하는 것은 벗고자 함이 아니요 오히려 덧입고자 함이

니 죽을 것이 생명에 삼킨 바 되게 하려 함이라 5 곧 이것을 우리에게 이루게 하시고 보증으로 성령을 우리에게 주신 이는 하나님이시니라 6 그러므로 우리가 항상 담대하여 몸으로 있을 때에는 주와 따로 있는 줄을 아노니 7 이는 우리가 믿음으로 행하고* 보는 것으로** 행하지 아니함이로라

요 9:41 예수께서 이르시되 너희가 맹인이 되었더라면 죄가 없으려니와 본다고 하니 너희 죄가 그대로 있느니라

고전 2:9-10 9 기록된 바 하나님이 자기를 사랑하는 자들을 위하여 예비하신 모든 것은 눈으로 보지 못하고 귀로 듣지 못하고 사람의 마음으로 생각하지도 못하였다 함과 같으니라 10 오직 하나님이 성령으로 이것을 우리에게 보이셨으니 성령은 모든 것 곧 하나님의 깊은 것까지도 통달하시느니라

요 20:27-29 27 도마에게 이르시되 네 손가락을 이리 내밀어 내 손을 보고 네 손을 내밀어 내 옆구리에 넣어 보라 그리하여 믿음 없는 자가 되지 말고 믿는 자가 되라 28 도마가 대답하여 이르되 나의 주님이시요 나의 하나님이시니이다 29 예수께서 이르시되 너는 나를 본 고로 믿느냐

* 성령으로 행하고
** 세상의 경험, 지식, 통념

보지 못하고 믿는 자*들은 복되도다 하시니라

출 14:30-31 ³⁰ 그 날에 여호와께서 이같이 이스라엘을 애굽 사람의 손에서 구원하시매 이스라엘이 바닷가에서 애굽 사람들이 죽어 있는 것을 보았더라 ³¹ 이스라엘이 여호와께서 애굽 사람들에게 행하신 그 큰 능력을 보았으므로 백성이 여호와를 경외하며 여호와와 그의 종 모세를 믿었더라

신 29:2-4 ² 모세가 온 이스라엘을 소집하고 그들에게 이르되 여호와께서 애굽 땅에서 너희의 목전에 바로와 그의 모든 신하와 그의 온 땅에 행하신 모든 일을 너희가 보았나니 ³ 곧 그 큰 시험과 이적과 큰 기사를 네 눈으로 보았느니라 ⁴ 그러나 깨닫는 마음과 보는 눈과 듣는 귀는 오늘 여호와께서 너희에게 주지 아니하셨느니라

잠 1:23 나의 책망을 듣고 돌이키라 보라 내가 나의 영을 너희에게 부어 주며 내 말을 너희에게 보이리라

히 11:1-3 ¹ 믿음은 바라는 것들의 실상이요 보이지 않는 것들의 증거니 ² 선진들이 이로써 증거를 얻었느니라 ³ 믿음으로 모든 세계가 하나님의

---

* 성령으로 믿는 자(고전2:10)

말씀으로 지어진 줄을 우리가 아나니 보이는 것은 나타난 것으로 말미암아 된 것이 아니니라

창 1:1-5 ¹ 태초에 하나님이 천지를 창조하시니라 ² 땅이 혼돈하고 공허하며 흑암이 깊음 위에 있고 하나님의 영은 수면 위에 운행하시니라 ³ 하나님이 이르시되 빛이 있으라 하시니 빛이 있었고 ⁴ 빛이 하나님이 보시기에 좋았더라 하나님이 빛과 어둠을 나누사 ⁵ 하나님이 빛을 낮이라 부르시고 어둠을 밤이라 부르시니라 저녁이 되고 아침이 되니 이는 첫째 날이니라

요 1:1-5 ¹ 태초에 말씀이 계시니라 이 말씀이 하나님과 함께 계셨으니 이 말씀은 곧 하나님이시니라 ² 그가 태초에 하나님과 함께 계셨고 ³ 만물이 그로 말미암아 지은 바 되었으니 지은 것이 하나도 그가 없이는 된 것이 없느니라 ⁴ 그 안에 생명이 있었으니 이 생명은 사람들의 빛이라 ⁵ 빛이 어둠에 비치되 어둠이 깨닫지 못하더라

롬 4:17-19 ¹⁷ 기록된 바 내가 너를 많은 민족의 조상으로 세웠다 하심과 같으니 그가 믿은 바 하나님은 죽은 자를 살리시며 없는 것을 있는 것으로 부르시는 이시니라 ¹⁸ 아브라함이 바랄 수 없는 중에 바라고 믿었으

니* 이는 네 후손이 이같으리라 하신 말씀대로 많은 민족의 조상이 되게 하려 하심이라 ¹⁹ 그가 백 세나 되어 자기 몸이 죽은 것 같고 사라의 태가 죽은 것 같음을 알고도 믿음이 약하여지지 아니하고

행 17:24-25 ²⁴ 우주와 그 가운데 있는 만물을 지으신 하나님께서는 천지의 주재시니 손으로 지은 전에 계시지 아니하시고 ²⁵ 또 무엇이 부족한 것처럼 사람의 손으로 섬김을 받으시는 것이 아니니 이는 만민에게 생명과 호흡과 만물을 친히 주시는 이심이라

하나님께서 자기를 사랑하는 자들을 위하여 예비하신 깨닫는 마음과 보는 눈과 듣는 귀를 성령을 통해 우리에게 보여주실 때 하나님의 비밀인 그리스도를 깨닫게 되며 복음을 받아들이게 된다(고전 2:9-10).

---

* 보이지 않는 것을 믿음의 눈으로 바라봄

V

언약과 새 언약을 통해
비추어보는 예수의 복음

구약의 언약에 대하여 신약에서는 예수 그리스도를 '더 좋은 언약의 중보자'(히8:6)이시라고 하면서 더 좋은 언약인 '새 언약을 맺으리라'(히8:8)고 한다. 성경에서 언약과 새 언약의 의미를 보면서 새 언약이 구약의 언약보다 더 좋은 것이라는 말씀의 의미를 알아보자.

히 8:6-9 ⁶ 그러나 이제 그는 더 아름다운 직분을 얻으셨으니 그는 더 좋은 약속으로 세우신 더 좋은 언약의 중보자시라 ⁷ 저 첫 언약이 무흠하였더라면 둘째 것을 요구할 일이 없었으려니와 ⁸ 그들의 잘못을 지적하여 말씀하시되 주께서 이르시되 볼지어다 날이 이르리니 내가 이스라엘 집과 유다 집과 더불어 새 언약을 맺으리라 ⁹ 또 주께서 이르시기를 이 언약은 내가 그들의 열조의 손을 잡고 애굽 땅에서 인도하여 내던 날에 그들과 맺은 언약과 같지 아니하도다

1. 언약(言約)

겔 20:9 그러나 내가 그들이 거주하는 이방인의 눈 앞에서 그들에게 나타나 그들을 애굽 땅에서 인도하여 내었나니 이는 내 이름을 위함이라* 내 이름을 그 이방인의 눈 앞에서 더럽히지 아니하려고 행하였음이라

창 17:1-2 ¹ 아브람이 구십구 세 때에 여호와께서 아브람에게 나타나서 그에게 이르시되 나는 전능한 하나님이라 너는 내 앞에서 행하여 완전하라 ² 내가 내 언약을 나와 너 사이에 두어 너를 크게 번성하게 하리라 하시니

신 9:5 네가 가서 그 땅을 차지함은 네 공의로 말미암음도 아니며 네 마음이 정직함으로 말미암음도 아니요 이 민족들이 악함으로 말미암아 네 하나님 여호와께서 그들을 네 앞에서 쫓아내심이라 여호와께서 이같이 하심은 네 조상 아브라함과 이삭과 야곱에게 하신 맹세를 이루려 하심이니라

---

* 하나님께서는 이스라엘 백성을 애굽 땅에서 구원해내신 이유가 이스라엘 백성들이 하나님 마음에 합당한 삶을 살아서가 아니고, 오직 하나님께서 약속(창 17:1-2, 신 9:5)하신 것을 지키기 위함이라고 하신다.

2. 새 언약

언약을 지키기 위하여 하나님께서 모세를 통하여 이방신을 섬기던 이스라엘 백성을 애굽에서 인도하여 내신 것 같이, (창 15:13-14) 우리가 아직 죄인 되었을 때 하나님께서 세우신 새 언약의 중보자이신 예수 그리스도로 말미암아 구원을 얻게 하신다(롬 5:8, 히 8:6).

창 15:13-14 13 여호와께서 아브람에게 이르시되 너는 반드시 알라 네 자손이 이방에서 객이 되어 그들을 섬기겠고 그들은 사백 년 동안 네 자손을 괴롭히리니 14 그들이 섬기는 나라를 내가 징벌할지며 그 후에 네 자손이 큰 재물을 이끌고 나오리라

하나님께서는 애굽에 있을 때에 이방신을 섬기고 하나님을 섬기지 않았던 이스라엘 백성들을 애굽에서 인도하여 내셨다.

롬 5:8 우리가 아직 죄인 되었을 때에 그리스도께서 우리를 위하여 죽으심으로 하나님께서 우리에 대한 자기의 사랑을 확증하셨느니라

하나님께서 우리를 부르실 때 잘한 일이 있어서 구원하신 것이 아니다.

히 8:6-13 ⁶ 그러나 이제 그는 더 아름다운 직분을 얻으셨으니 그는 더 좋은 약속으로 세우신 더 좋은 언약의 중보자시라 ⁷ 저 첫 언약이 무흠하였더라면 둘째 것을 요구할 일이 없었으려니와 ⁸ 그들의 잘못을 지적하여 말씀하시되 주께서 이르시되 볼지어다 날이 이르리니 내가 이스라엘 집과 유다 집과 더불어 새 언약을 맺으리라 ⁹ 또 주께서 이르시기를 이 언약은 내가 그들의 열조의 손을 잡고 애굽 땅에서 인도하여 내던 날에 그들과 맺은 언약과 같지 아니하도다 그들은 내 언약 안에 머물러 있지 아니하므로 내가 그들을 돌보지 아니하였노라 ¹⁰ 또 주께서 이르시되 그 날 후에 내가 이스라엘 집과 맺을 언약은 이것이니 내 법을 그들의 생각에 두고 그들의 마음에 이것을 기록하리라 나는 그들에게 하나님이 되고 그들은 내게 백성이 되리라 ¹¹ 또 각각 자기 나라 사람과 각각 자기 형제를 가르쳐 이르기를 주를 알라 하지 아니할 것은 그들이 작은 자로부터 큰 자까지 다 나를 앎이라 ¹² 내가 그들의 불의를 긍휼히 여기고 그들의 죄를 다시 기억하지 아니하리라 하셨느니라 ¹³ 새 언약이라 말씀하셨으매 첫 것은 낡아지게 하신 것이니 낡아지고 쇠하는 것은 없어져 가는 것이니라

히 7:19-22 ¹⁹ (율법은 아무 것도 온전하게 못할지라) 이에 더 좋은 소망이 생기니 이것으로 우리가 하나님께 가까이 가느니라 ²⁰ 또 예수께서 제사장이 되신 것은 맹세 없이 된 것이 아니니 ²¹ (그들은 맹세 없이 제사장이 되었으되 오직 예수는 자기에게 말씀하신 이로 말미암아 맹세

로 되신 것이라 주께서 맹세하시고 뉘우치지 아니하시리니 네가 영원히 제사장이라 하셨도다) ²² 이와 같이 예수는 더 좋은 언약의 보증이 되셨느니라

3. 모세의 율법과 새 언약하에서의 율법

1) 언약 체결 후 받은 모세의 율법

신 26:16 오늘 네 하나님 여호와께서 이 규례와 법도를 행하라고 네게 명령하시나니 그런즉 너는 마음을 다하고 뜻을 다하여 지켜 행하라

언약 체결 후 하나님께서 백성들에게 모세를 통하여 율법을 주시며 '마음을 다하고 뜻을 다하여 지켜 행하라' 하셨으나 행하지 못하였다.

이 부분에 대하여 신약은 인간의 노력으로 주신 율법을 지켜 행할 수 없으므로 율법을 지킴으로 하나님 앞에 의롭게 될 수 없다고 하면서, 하나님 앞에 의롭다함을 얻는 것은 그리스도를 믿음으로 말미암는다고 말한다(갈 2:16, 롬 3:20).

갈 2:16 사람이 의롭게 되는 것은 율법의 행위로 말미암음이 아니요 오직 예수 그리스도를 믿음으로 말미암는 줄 알므로 우리도 그리스도 예

수를 믿나니 이는 우리가 율법의 행위로써가 아니고 그리스도를 믿음으로써 의롭다 함을 얻으려 함이라 율법의 행위로써는 의롭다 함을 얻을 육체가 없느니라

롬 3:20 그러므로 율법의 행위로 그의 앞에 의롭다 하심을 얻을 육체가 없나니 율법으로는 죄를 깨달음이니라

요 5:45 내가 너희를 아버지께 고발할까 생각하지 말라 너희를 고발하는 이가 있으니 곧 너희가 바라는 자 모세니라

요 1:17 율법은 모세로 말미암아 주어진 것이요 은혜와 진리는 예수 그리스도로 말미암아 온 것이라

히 10:1 율법은 장차 올 좋은 일의 그림자일 뿐이요 참 형상이 아니므로 해마다 늘 드리는 같은 제사로는 나아오는 자들을 언제나 온전하게 할 수 없느니라

2) 새 언약 하에서의 율법

새 영을 우리 속에 두어 행하게 하시고 이루어지게 하심.

렘 31:31-33 ³¹ 여호와의 말씀이니라 보라 날이 이르리니 내가 이스라엘 집과 유다 집에 새 언약을 맺으리라 ³² 이 언약은 내가 그들의 조상들의 손을 잡고 애굽 땅에서 인도하여 내던 날에 맺은 것과 같지 아니할 것은 내가 그들의 남편이 되었어도 그들이 내 언약을 깨뜨렸음이라 여호와의 말씀이니라 ³³ 그러나 그 날* 후에 내가 이스라엘 집과 맺을 언약은 이러하니 곧 내가 나의 법을 그들의 속에 두며 그들의 마음에 기록하여 나는 그들의 하나님이 되고 그들은 내 백성이 될 것이라 여호와의 말씀이니라

겔 36:26-27 ²⁶ 또 새 영을 너희 속에 두고 새 마음을 너희에게 주되 너희 육신에서 굳은 마음을 제거하고 부드러운 마음을 줄 것이며 ²⁷ 또 내 영을 너희 속에 두어 너희로 내 율례를 행하게 하리니 너희가 내 규례를 지켜 행할지라

롬 8:4 육신을 따르지 않고 그 영을 따라 행하는 우리에게 율법의 요구가 이루어지게 하려 하심이니라

새 언약 하에서는 율법을 내가 지키는 것이 아니고 그리스도께서 내 안에 계셔서 지키도록 해 주시는 것이다. 하나님께서는 이스라엘

---

* 새 언약을 세우는 날(31절 ⋯ 새 언약을 맺으리라) 성령을 보내신 날

백성을 애굽 땅에서 구원해내신 이유가 이스라엘 백성들이 하나님 마음에 합당한 삶을 살아서가 아니고 오직 하나님의 언약으로 이루 진 것이다.

이와 같이 우리가 하나님을 떠나 살며 하나님 앞에 합당한 삶을 살지 못했지만, 하나님께서는 약속하신 대로 예수 그리스도를 이 땅 에 보내셔서 우리 죄를 대속하여 십자가에서 죽게 하심으로 우리를 구원하셨다.

그러나 구약에서는 언약에 의하여 애굽에서 구원하신 후 율법을 주시며 지키라고 주셨는데(못하였음), 신약에서는 죄인을 구원하신 후 율법을 지켜 행할 수 있도록, 예수 그리스도를 믿는 자에게 약속 하신 성령을 주시고 성령을 따라 행할 때 율법의 요구가 이루어지게 하셨다.

이것이 더 좋은 언약이라고 하는 것이다. 즉, 신약의 새 언약은 구 약에서 구원의 언약이라는 것에서 더 나아가 예수 그리스도를 믿는 자에게 약속하신 성령을 주시어 율법을 지킬 수 있도록 해 주신다는 것이다.

갈 3:21-22 ²¹ 그러면 율법이 하나님의 약속들과 반대되는 것이냐 결코 그럴 수 없느니라 만일 능히 살게 하는 율법을 주셨더라면 의가 반드시 율법으로 말미암았으리라 ²² 그러나 성경이 모든 것을 죄 아래에 가두 었으니 이는 예수 그리스도를 믿음으로 말미암는 약속을 믿는 자들에

게 주려 함이라

갈 3:14 이는 그리스도 예수 안에서 아브라함의 복이 이방인에게 미치게 하고 또 우리로 하여금 믿음으로 말미암아 성령의 약속을 받게 하려 함이라

히 13:20-21 20 양들의 큰 목자이신 우리 주 예수를 영원한 언약의 피로 죽은 자 가운데서 이끌어 내신 평강의 하나님이 21 모든 선한 일에 너희를 온전하게 하사 자기 뜻을 행하게 하시고 그 앞에 즐거운 것을 예수 그리스도로 말미암아 우리 가운데서 이루시기를 원하노라 영광이 그에게 세세무궁토록 있을지어다 아멘

마 11:28 수고하고 무거운 짐* 진 자들아 다 내게로 오라 내가 너희를 쉬게 하리라**

요일 2:3-6 3 우리가 그의 계명을 지키면 이로써 우리가 그를 아는 줄로 알 것이요 4 그를 아노라 하고 그의 계명을 지키지 아니하는 자는 거짓말하는 자요 진리가 그 속에 있지 아니하되 5 누구든지 그의 말씀을 지키는 자는 하나님의 사랑이 참으로 그 속에서 온전하게 되었나니 이로

---

* 내가 율법의 요구를 이루려는 수고의 짐
** 그리스도께서 그 법을 지키도록 해 주시는 쉼이다.

써 우리가 그의 안에 있는 줄을 아노라 ⁶ 그의 안에 산다고 하는 자는 그가 행하시는 대로 자기도 행할지니라

히 12:2 믿음의 주요 또 온전하게 하시는 이인 예수를 바라보자 그는 그 앞에 있는 기쁨을 위하여 십자가를 참으사 부끄러움을 개의치 아니하시더니 하나님 보좌 우편에 앉으셨느니라

롬 2:28-29 ²⁸ 무릇 표면적 유대인이 유대인이 아니요 표면적 육신의 할례가 할례가 아니니라 ²⁹ 오직 이면적 유대인이 유대인이며 할례는 마음에 할지니 영에 있고 율법 조문에 있지 아니한 것이라 그 칭찬이 사람에게서가 아니요 다만 하나님에게서니라

신 30:6 네 하나님 여호와께서 네 마음과 네 자손의 마음에 할례를 베푸사 너로 마음을 다하며 뜻을 다하여 네 하나님 여호와를 사랑하게 하사 * 너로 생명을 얻게 하실 것이며

고후 3:3 너희는 우리로 말미암아 나타난 그리스도의 편지니 이는 먹으로 쓴 것이 아니요 오직 살아 계신 하나님의 영으로 쓴 것이며 또 돌판에 쓴 것이 아니요 오직 육의 마음 판에 쓴 것이라

---

* 새 언약을 지키는 주체는 하나님이시다.

신약과 구약에 공통으로 '내가 거룩하니 너희도 거룩할지어다'라는 말씀이 나오는데(벧전1:16, 레11:45), 신약의 베드로전서에서는 하늘로부터 보내신 성령을 힘입어 순종함에 대하여 말씀하시고 나서 '내가 거룩하니 너희도 거룩할지어다'라고 하셨음을 볼 수 있다.

벧전1:12-16 ¹² 이 섬긴 바가 자기를 위한 것이 아니요 너희를 위한 것임이 계시로 알게 되었으니 이것은 하늘로부터 보내신 성령을 힘입어 복음을 전하는 자들로 이제 너희에게 알린 것이요 천사들도 살펴 보기를 원하는 것이니라 ¹³ 그러므로 너희 마음의 허리를 동이고 근신하여 예수 그리스도께서 나타나실 때에 너희에게 가져다 주실 은혜를 온전히 바랄지어다 ¹⁴ 너희가 순종하는 자식처럼 전에 알지 못할 때에 따르던 너희 사욕을 본받지 말고 ¹⁵ 오직 너희를 부르신 거룩한 이처럼 너희도 모든 행실에 거룩한 자가 되라 ¹⁶ 기록되었으되 내가 거룩하니 너희도 거룩할지어다 하셨느니라

레 11:43-45 ⁴³ 너희는 기는 바 기어다니는 것 때문에 자기를 가증하게 되게 하지 말며 또한 그것 때문에 스스로 더럽혀 부정하게 되게 하지 말라 ⁴⁴ 나는 여호와 너희의 하나님이라 내가 거룩하니 너희도 몸을 구별하여 거룩하게 하고 땅에 기는 길짐승으로 말미암아 스스로 더럽히지 말라 ⁴⁵ 나는 너희의 하나님이 되려고 너희를 애굽 땅에서 인도하여 낸 여호와라 내가 거룩하니 너희도 거룩할지어다

4. 참고

1) 언약과 계명

신 4:13 여호와께서 그의 언약을 너희에게 반포하시고 너희에게 지키라 명령하셨으니 곧 십계명이며 두 돌판에 친히 쓰신 것이라

신 9:11 사십 주 사십 야를 지난 후에 여호와께서 내게 돌판 곧 언약의 두 돌판을 주시고

언약과 계명을 같이 사용: 시내산에서 십계명을 주신 후 더욱 자세한 율법(제사법, 도덕적 율례 등)을 주셨다. 그러므로 십계명은 율법 안에 있는 계명의 골자로서 이후 자세한 법을 지키기 위한 기본적인 법이다(언약 ⊃ 율법 ⊃ 계명).

2) 할례(割禮)와 세례(洗禮)

① 할례(割禮)는 하나님과 이스라엘 사이의 언약 관계(창 17:1-2)를 나타내는 상징적 징표였다(창17:10-11).

창17:1-2 ¹ 아브람이 구십구 세 때에 여호와께서 아브람에게 나타나서 그

에게 이르시되 나는 전능한 하나님이라 너는 내 앞에서 행하여 완전하라 ² 내가 내 언약을 나와 너 사이에 두어 너를 크게 번성하게 하리라 하시니

창 17:10-11 ¹⁰ 너희 중 남자는 다 할례를 받으라 이것이 나와 너희와 너희 후손 사이에 지킬 내 언약이니라 ¹¹ 너희는 포피를 베어라 이것이 나와 너희 사이의 언약의 표징이니라

즉, 이스라엘이 모든 죄악된 것을 제거해 버리고 하나님께 온전히 헌신할 것을 나타내는 상징적 의식이었다.

② 옛 언약 하에서 이루어졌던 '육신의 할례'는 새 언약 하에서 이루어질 '마음의 할례'를 예표하는 그림자였다.

렘 4:4 유다인과 예루살렘 주민들아 너희는 스스로 할례를 행하여 너희 마음 가죽을 베고 나 여호와께 속하라 그리하지 아니하면 너희 악행으로 말미암아 나의 분노가 불 같이 일어나 사르리니 그것을 끌 자가 없으리라

롬 2:28-29 ²⁸ 무릇 표면적 유대인이 유대인이 아니요 표면적 육신의 할례가 할례가 아니니라 ²⁹ 오직 이면적 유대인이 유대인이며 할례는 마

음에 할지니 영에 있고 율법 조문에 있지 아니한 것이라 그 칭찬이 사람에게서가 아니요 다만 하나님에게서니라

골 2:11 또 그 안에서 너희가 손으로 하지 아니한 할례를 받았으니 곧 육의 몸을 벗는 것이요 그리스도의 할례*니라

　예수 그리스도를 믿음으로 구원을 얻는 신약시대에 이르러 육신의 할례는 무가치하게 되었으며 그 기능을 세례가 맡게 되었다. 할례를 하나님께서 아브라함에게 약속하셨던 축복과 구원을 믿음으로 받아드리는 자에게 준다면, 세례는 예수 그리스도를 자신의 구원자요 생명의 근원으로 믿고 고백하는 자에게 베푸는 것이다. 구약시대의 할례가 언약 공동체의 소속원임을 나타내는 표식이라면, 세례는 구속받은 무리들의 집합체인 교회의 일원이 됨을 나타내는 외적 증표이다.

* 세례

언약

하나님께서는 이스라엘 백성을 애굽 땅에서 구원해내신 이유가 이스라엘 백성들이 하나님 마음에 합당한 삶을 살아서가 아니고 언약, 즉 하나님께서 약속하신 것을 지키기 위함이라고 하신다.

하나님께서는 약속하신 대로 이스라엘 백성을 애굽 땅에서 구원해내신 후 백성들에게 모세를 통하여 율법을 주시며 '마음을 다하고 뜻을 다하여 지켜 행하라'하셨으나 행하지 못하였다.

새 언약

우리가 하나님을 떠나 살며 하나님 앞에 합당한 삶을 살지 못했지만, 하나님께서는 약속하신 대로 예수 그리스도를 이 땅에 보내셔서 우리 죄를 대속하여 십자가에서 죽으심으로 우리를 구원하셨다.

그리고 예수 그리스도를 믿는 자에게 율법의 요구가 이루어지도록 약속하신 성령을 주셨다. 즉, 새 언약하에서는 율법을 내가 지키는 것이 아니고 그리스도께서 내 안에 계셔서 지키도록 해 주시는 것이다.

구약에서는 언약에 의하여 애굽에서 구원하신 후 이스라엘 백성에게 율법을 주시며 지키라고 주셨는데 그들은 지키지 못하였다. 신약에서는 죄인을 구원하신 후 율법을 지켜 행할 수 있도록, 예수 그리스도를 믿는 자에게 약속하신 성령을 주시고 성령을 따라 행할 때 율법의 요구가 이루어지게 하셨다. 이것이 더 좋은 언약이라고 하는 것이다.

즉, 신약의 새 언약은 구약에서의 구원의 언약에서 더 나아가 예수 그리스도를 믿는 자에게 약속하신 성령을 주시어 율법을 지킬 수 있도록 해 주신다는 것이다.

롬11:33 깊도다 하나님의 지혜와 지식의 풍성함이여, 그의 판단은 헤아리지 못할 것이며 그의 길은 찾지 못할 것이로다

믿음과 행함

I

믿음과 행함은
분리될 수 없다

하나님 앞에서 의롭다 하심을 얻는 것이 율법을 행함으로 되는 것
이 아니라(갈 2:16, 롬 3:28)는 말씀과 함께 같은 성경 속, 다른 말씀에
서는 율법을 행함으로 하나님 앞에서 의롭다 하심을 얻는다(롬 2:13,
약 2:24)고 기록되어있다.

갈 2:16 사람이 의롭게 되는 것은 율법의 행위로 말미암음이 아니요 오
직 예수 그리스도를 믿음으로 말미암는 줄 알므로 우리도 그리스도 예
수를 믿나니 이는 우리가 율법의 행위로써가 아니고 그리스도를 믿음
으로써 의롭다 함을 얻으려 함이라 율법의 행위로써는 의롭다 함을 얻
을 육체가 없느니라

롬 3:28 그러므로 사람이 의롭다 하심을 얻는 것은 율법의 행위에 있지
않고 믿음으로 되는 줄 우리가 인정하노라

롬 2:13 하나님 앞에서는 율법을 듣는 자가 의인이 아니요 오직 율법을 행하는 자라야 의롭다 하심을 얻으리니

약 2:24 이로 보건대 사람이 행함으로 의롭다 하심을 받고 믿음으로만 은 아니니라

갈 2:16, 롬 3:28 ⇔ 롬 2:13, 약 2:24

서로 상반된 말씀으로 보이지만 분명 성경이 우리에게 서로 상반된 이야기를 하여 우리를 혼돈케 하는 것은 아닐 것이다. 우리에게 알게 하고자 하는 성경 말씀의 의미를 잘 깨달으면 서로 상반된 말씀이 아니고, 구원의 의미를 설명하고자 하는 관점에서 표현이 다른 것일 뿐이며 모두 다 같이 구원의 의미를 설명하는 것임을 알 수 있다.

요 3:36 아들을 믿는 자에게는 영생이 있고 아들에게 순종하지 아니하는 자는 영생을 보지 못하고 도리어 하나님의 진노가 그 위에 머물러 있느니라

히 3:18-19 18 또 하나님이 누구에게 맹세하사 그의 안식에 들어오지 못하리라 하셨느냐 곧 순종하지 아니하던 자들에게가 아니냐 19 이로 보건대 그들이 믿지 아니하므로 능히 들어가지 못한 것이라

성경은 순종하지 아니하던 자들을 믿지 아니하는 자들로 표현하고 있음을 본다.

그러므로 믿는다고 말하면서 아직 순종하는 생활이 나타나지 않는 것은 실제로는 하나님이 인정하시는 믿음이 없는 것이다(약 2:14, 26).

약 2:14 내 형제들아 만일 사람이 믿음이 있노라 하고 행함이 없으면 무슨 유익이 있으리요 그 믿음이 능히 자기를 구원하겠느냐

약 2:26 영혼 없는 몸이 죽은 것 같이 행함이 없는 믿음은 죽은 것이니라

Ⅱ

하나님을 떠난 인간
(외인: 外人)

아담의 원죄 이후 인간은 영이 죽음으로 하나님의 생명의 법에서 떠나 자신의 이성에 의존하는 죄의 종이 되었다(p.27: 원죄).

엡 2:1-3 ¹ 그는 허물과 죄로 죽었던 너희를 살리셨도다 ² 그 때에 너희는 그 가운데서 행하여 이 세상 풍조를 따르고 공중의 권세 잡은 자를 따랐으니 곧 지금 불순종의 아들들 가운데서 역사하는 영*이라 ³ 전에는 우리도 다 그 가운데서 우리 육체의 욕심을 따라 지내며 육체와 마음의 원하는 것을 하여 다른 이들과 같이 본질상 진노의 자녀이었더니

롬 8:2 이는 그리스도 예수 안에 있는 생명의 성령의 법이 죄와 사망의

---

* 하나님을 떠난 인간에게는 죄책의 문제만이 아니라 자기가 이길 수 없는 무서운 세력이 어떤 큰 법칙 아래 자기를 질질 끌고 나가는 상태가 있는데 그것을 사도바울은 '죄와 사망의 법'이라고 했다.

법에서 너를 해방하였음이라

<u>롬 8:7-8</u> ⁷ 육신의 생각은 하나님과 원수가 되나니 이는 하나님의 법에 굴복하지 아니할 뿐 아니라 할 수도 없음이라 ⁸ 육신에 있는 자들은 하나님을 기쁘시게 할 수 없느니라

타락한 인간은 하나님의 뜻에 순종할 능력이 상실된 상태로 이 세상에 태어난다.

III

율법의 역할

하나님께서 율법을 주신 것은 주신 율법대로 행하라고 주신 것이며 우리는 그대로 행하여야 한다. 그러나 하나님을 떠나 타락한 인간은 하나님의 뜻에 순종할 능력을 상실했으므로 율법의 요구를 자력으로 이룰 수 없다.

어떤 사람들은 이것을 알지 못하고 인격을 함양하고 열심히 노력하면 바르게 살 수 있다고 생각하며, 하나님의 말씀도 내 의지로 노력하면 말씀을 이루며 살 수 있다고 생각하는데 그것은 잘못된 생각이다.

갈 2:21 내가 하나님의 은혜를 폐하지 아니하노니 만일 의롭게 되는 것이 율법으로 말미암으면 그리스도께서 헛되이 죽으셨느니라

갈 5:4 율법 안에서 의롭다 함을 얻으려 하는 너희는 그리스도에게서 끊

어지고 은혜에서 떨어진 자로다

갈 3:11 또 하나님 앞에서 아무도 율법으로 말미암아 의롭게 되지 못할 것이 분명하니 이는 의인은 믿음으로 살리라 하였음이라

이것을 아는 것이 하나님의 은혜요, 바로 율법의 역할인 것이다.

롬 3:20 그러므로 율법의 행위로 그의 앞에 의롭다 하심을 얻을 육체가 없나니 율법으로는 죄를 깨달음이니라

하나님께서 우리에게 행하라고 주신 율법은 율법을 행함으로 구원을 얻도록 하기 위한 것이 아니고, 먼저 하나님을 떠나 율법을 행할 능력이 상실된 죄인임을 깨닫게 하는 것이다.

요 9:41 예수께서 이르시되 너희가 맹인이 되었더라면 죄가 없으려니와 본다고 하니 너희 죄가 그대로 있느니라

율법은 자신이 맹인임을 깨닫게 하는 역할을 한다. 그런 의미에서 율법은 자기 의지와 노력으로 한 가지도 하나님의 뜻에 순종할 수 없고 상실된 능력을 회복할 수 없는 죄인임을 깨닫게 하고, 믿음으로 죄 사함을 받을 수밖에 없다는 고백에 이르게 하는 역할을 한다

(갈 3:24).

갈 3:24 이같이 율법이 우리를 그리스도께로 인도하는 초등교사가 되어 우리로 하여금 믿음으로 말미암아 의롭다함을 얻게 하려 함이라

IV

예수의 십자가 대속의 은혜,
믿음으로 구원받게 하다

하나님의 뜻에 순종할 수 없고 상실된 능력을 회복할 수 없는 죄인임을 깨닫고, 오직 예수 그리스도의 십자가 대속의 은혜를 믿음으로 구원받음을 고백하는 자들을 의롭다 하신다.

행 13:39 또 모세의 율법으로 너희가 의롭다 하심을 얻지 못하던 모든 일에도 이 사람을 힘입어 믿는 자마다 의롭다 하심을 얻는 이것이라

엡 2:8-9 8 너희는 그 은혜에 의하여 믿음으로 말미암아 구원을 받았으니 이것은 너희에게서 난 것이 아니요 하나님의 선물이라 9 행위에서 난 것이 아니니 이는 누구든지 자랑하지 못하게 함이라

롬 4:2-3 2 만일 아브라함이 행위로써 의롭다 하심을 받았으면 자랑할 것이 있으려니와 하나님 앞에서는 없느니라 3 성경이 무엇을 말하느냐 아

브라함이 하나님을 믿으매 그것이 그에게 의로 여겨진 바 되었느니라

<u>롬 5:1</u> 그러므로 우리가 믿음으로 의롭다 하심을 받았으니 우리 주 예수 그리스도로 말미암아 하나님과 화평을 누리자

1. 우리의 죄를 속량

<u>롬 3:24</u> 그리스도 예수 안에 있는 속량*으로 말미암아 하나님의 은혜로 값 없이 의롭다 하심을 얻은 자 되었느니라

<u>엡 1:7</u> 우리는 그리스도 안에서 그의 은혜의 풍성함을 따라 그의 피로 말미암아 속량 곧 죄 사함을 받았느니라

2. 율법의 저주에서 우리를 속량-죄와 사망의 법에서 해방

죄의 권세 아래서 율법을 온전히 지키는 데 실패한 인간이 받아야 할 저주를 예수님께서 대신 받으심으로 우리를 죄의 큰 세력에서 해방하여 주셨다.

---

* 예수님의 죽으심의 효과

갈 3:11-13 ¹¹ 또 하나님 앞에서 아무도 율법으로 말미암아 의롭게 되지 못할 것이 분명하니 이는 의인은 믿음으로 살리라 하였음이라 ¹² 율법은 믿음에서 난 것이 아니니 율법을 행하는 자는 그 가운데서 살리라 하였느니라 ¹³ 그리스도께서 우리를 위하여 저주를 받은 바 되사 율법의 저주에서 우리를 속량하셨으니 기록된 바 나무에 달린 자마다 저주 아래에 있는 자라 하였음이라

죄의 형벌만 면제하신 것이 아니라 죄의 권세가 우리를 짓누르는 것에서도 우리를 건져내 주셨다.

롬 8:1-2 ¹ 그러므로 이제 그리스도 예수 안에 있는 자에게는 결코 정죄함이 없나니 ² 이는 그리스도 예수 안에 있는 생명의 성령의 법이 죄와 사망의 법에서 너를 해방하였음이라

요 8:31-32 ³¹ 그러므로 예수께서 자기를 믿은 유대인들에게 이르시되 너희가 내 말에 거하면 참으로 내 제자가 되고 ³² 진리를 알지니 진리가 너희를 자유롭게 하리라

V

믿음으로 의롭다 하심을
얻은 자에게 주시는 성령

구원받았다는 것은 하나님을 떠나 상실한 율법을 행할 능력, 하나님의 뜻에 순종할 능력이 회복되었다는 것을 의미한다. 그런데 하나님의 뜻에 순종하는 것은 성령 안에서 할 수 있는 것이다. 그래서 하나님께서는 회개하여 죄 사함을 얻고 구원받은 자에게 성령을 주셔서 하나님의 뜻에 순종할 능력을 회복시켜 주신다.

행 2:38 베드로가 이르되 너희가 회개하여 각각 예수 그리스도의 이름으로 세례를 받고 죄 사함을 받으라 그리하면 성령의 선물을 받으리니

롬 8:2-4 2 이는 그리스도 예수 안에 있는 생명의 성령의 법이 죄와 사망의 법에서 너를 해방하였음이라 3 율법이 육신으로 말미암아 연약하여 할 수 없는 그것을 하나님은 하시나니 곧 죄로 말미암아 자기 아들을 죄 있는 육신의 모양으로 보내어 육신에 죄를 정하사 4 육신을 따르지 않

고 그 영을 따라 행하는 우리에게 율법의 요구가 이루어지게 하려 하심이니라

우리가 믿음으로 의롭다 함을 받기 전에는 하나님의 뜻을 행할 수 없었으나, 믿음이 온 후에는 선물로 받은 성령을 따라 행함으로 성령의 열매를 맺어야 한다.

갈 5:16-25 ¹⁶ 내가 이르노니 너희는 성령을 따라 행하라 그리하면 육체의 욕심을 이루지 아니하리라 ¹⁷ 육체의 소욕은 성령을 거스르고 성령은 육체를 거스르나니 이 둘이 서로 대적함으로 너희가 원하는 것을 하지 못하게 하려 함이니라 ¹⁸ 너희가 만일 성령의 인도하시는 바가 되면 율법 아래에 있지 아니하리라 ¹⁹ 육체의 일은 분명하니 곧 음행과 더러운 것과 호색과 ²⁰ 우상 숭배와 주술과 원수 맺는 것과 분쟁과 시기와 분냄과 당 짓는 것과 분열함과 이단과 ²¹ 투기와 술 취함과 방탕함과 또 그와 같은 것들이라 전에 너희에게 경계한 것 같이 경계하노니 이런 일을 하는 자들은 하나님의 나라를 유업으로 받지 못할 것이요 ²² 오직 성령의 열매는 사랑과 희락과 화평과 오래 참음과 자비와 양선과 충성과 ²³ 온유와 절제니 이같은 것을 금지할 법이 없느니라 ²⁴ 그리스도 예수의 사람들은 육체와 함께 그 정욕과 탐심을 십자가에 못 박았느니라 ²⁵ 만일 우리가 성령으로 살면 또한 성령으로 행할지니

롬 14:23 의심하고 먹는 자는 정죄되었나니 이는 믿음을 따라 하지 아니하였기 때문이라 믿음을 따라 하지 아니하는 것은 다 죄니라

요 16:7-10 7 그러나 내가 너희에게 실상을 말하노니 내가 떠나가는 것이 너희에게 유익이라 내가 떠나가지 아니하면 보혜사가 너희에게로 오시지 아니할 것이요 가면 내가 그를 너희에게로 보내리니 8 그가 와서 죄에 대하여, 의에 대하여, 심판에 대하여 세상을 책망하시리라 9 죄에 대하여라 함은 그들이 나를 믿지 아니함이요 10 의에 대하여라 함은 내가 아버지께로 가니 너희가 다시 나를 보지 못함이요

VI

율법을 행하는 자라야
의롭다 하심을 얻는다

성령을 선물로 받은 자는 성령을 따라 행함으로 율법의 요구를 이루는 생활을 하여야 한다. 그래서 성경은 율법을 행하는 자라야 의롭다 함을 얻는다고 하는 것이다.

롬 2:13 하나님 앞에서는 율법을 듣는 자가 의인이 아니요 오직 율법을 행하는 자라야 의롭다 하심을 얻으리니

약 2:14 내 형제들아 만일 사람이 믿음이 있노라 하고 행함이 없으면 무슨 유익이 있으리요 그 믿음이 능히 자기를 구원하겠느냐

약 2:21-24 ²¹ 우리 조상 아브라함이 그 아들 이삭을 제단에 바칠 때에 행함으로 의롭다 하심을 받은 것이 아니냐 ²² 네가 보거니와 믿음이 그의 행함과 함께 일하고 행함으로 믿음이 온전하게 되었느니라 ²³ 이에 성

경에 이른 바 아브라함이 하나님을 믿으니 이것을 의로 여기셨다는 말씀이 이루어졌고 그는 하나님의 벗이라 칭함을 받았나니 ²⁴ 이로 보건대 사람이 행함으로 의롭다 하심을 받고 믿음으로만은 아니니라

마 7:24-27 ²⁴ 그러므로 누구든지 나의 이 말을 듣고 행하는 자는 그 집을 반석 위에 지은 지혜로운 사람 같으리니 ²⁵ 비가 내리고 창수가 나고 바람이 불어 그 집에 부딪치되 무너지지 아니하나니 이는 주추를 반석 위에 놓은 까닭이요 ²⁶ 나의 이 말을 듣고 행하지 아니하는 자는 그 집을 모래 위에 지은 어리석은 사람 같으리니 ²⁷ 비가 내리고 창수가 나고 바람이 불어 그 집에 부딪치매 무너져 그 무너짐이 심하니라

구원받은 후 주님은 우리에게 순종(행함)을 요구하신다. 그런데 중요한 것은 성령을 주시면서 순종(행함)하라고 하신다. 주님은 구원받은 자에게 성령을 주시고 성령 안에서 율법의 요구를 이룰 수 있기에 순종(행함)을 요구하시는 것이다.

"예수님을 우리 마음에 모시기 전에는 우리는 죄짓지 아니할 수 없는 자이었으나 성령을 모시기에 이제는 죄짓지 않을 수 있는 자가 되었다"

-성 아우구스티누스

롬 3:28-31 ²⁸ 그러므로 사람이 의롭다 하심을 얻는 것은 율법의 행위에

있지 않고 믿음으로 되는 줄 우리가 인정하노라 ²⁹ 하나님은 다만 유대인의 하나님이시냐 또한 이방인의 하나님은 아니시냐 진실로 이방인의 하나님도 되시느니라 ³⁰ 할례자도 믿음으로 말미암아 또한 무할례자도 믿음으로 말미암아 의롭다 하실 하나님은 한 분이시니라 ³¹ 그런즉 우리가 믿음으로 말미암아 율법을 파기하느냐 그럴 수 없느니라 도리어 율법을 굳게 세우느니라

그런즉 우리가 믿음으로 말미암아 율법을 파기하느냐 그럴 수 없느니라 도리어 율법을 굳게 세우느니라(31절).

율법의 행위는 구원의 조건이 아니다. 율법의 행위는 그리스도인의 의무이다. 율법의 행위는 구원의 수단이 될 수 없고, 구원받은 자는 성령 안에서 행함으로 삶 속에 율법이 이루어져야 한다.

마 7:21-23 ²¹ 나더러 주여 주여 하는 자마다 다 천국에 들어갈 것이 아니요 다만 하늘에 계신 내 아버지의 뜻대로 행하는 자라야 들어가리라 ²² 그 날에 많은 사람이 나더러 이르되 주여 주여 우리가 주의 이름으로 선지자 노릇 하며 주의 이름으로 귀신을 쫓아 내며 주의 이름으로 많은 권능을 행하지 아니하였나이까 하리니 ²³ 그 때에 내가 그들에게 밝히 말하되 내가 너희를 도무지 알지 못하니 불법을 행하는 자들아 내게서 떠나가라 하리라

하나님께서는 하나님의 뜻대로 행하는 자를 아신다고 하시고, 그들에게 천국문을 열어 주시고 들어오게 하신다(21절). 그러나 순종하지 않고 불법을 행하는 자들은(22절) 모른다고 하신다(23절).

천국 문은 하나님께서 열어 주셔야 들어가는 곳이지, 내가 열고 들어가는 곳이 아니다. 다시 말하면, 천국은 내가 주님을 알고 주로 시인한다고(딛 1:16, 마 15:8, 롬 10:2, 막 3:11) 들어가는 것이 아니고, 예수님께서 아신다고 하실 때에 들어가는 것이다.

딛 1:16 그들이 하나님을 시인하나 행위로는 부인하니 가증한 자요 복종하지 아니하는 자요 모든 선한 일을 버리는 자니라

마 15:8-9 ⁸ 이 백성이 입술로는 나를 공경하되 마음은 내게서 멀도다 ⁹ 사람의 계명으로 교훈을 삼아 가르치니 나를 헛되이 경배하는도다 하였느니라 하시고

롬 10:2 내가 증언하노니 그들이 하나님께 열심이 있으나 올바른 지식을 따른 것이 아니니라

막 3:11 더러운 귀신들도 어느 때든지 예수를 보면 그 앞에 엎드려 부르짖어 이르되 당신은 하나님의 아들이니이다 하니

살후 2:7-10 [7] 불법의 비밀이 이미 활동하였으나 지금은 그것을 막는 자가 있어 그 중에서 옮겨질 때까지 하리라 [8] 그 때에 불법한 자가 나타나리니 주 예수께서 그 입의 기운으로 그를 죽이시고 강림하여 나타나심으로 폐하시리라 [9] 악한 자의 나타남은 사탄의 활동을 따라 모든 능력과 표적과 거짓 기적과 [10] 불의의 모든 속임으로 멸망하는 자들에게 있으리니 이는 그들이 진리의 사랑을 받지 아니하여 구원함을 받지 못함이라

회개와 순종의 결단이 없이, 형식으로 영접 기도를 하였다고 구원을 받는 것이 아니다. 하나님의 뜻에 무감각하여, 믿지 않는 사람들과 구별된 생활이 나타나지 않고, 삶에 새로운 변화가 없이 이전 습관대로 세상에 젖어 생활하는 사람의 영접 기도는 형식에 지나지 않는다.

영접 기도를 하여 주님을 내 마음에 모셔 들인 사람은, 하나님이 미워하시는 것을 버리고, 하나님이 원하시는 것에 마음을 다하여 순종하는 생활을 하여야 한다. 새 생명을 얻은 믿음의 사람들에게 계속해서 성령님은 하나님의 뜻을 행할 수 있도록 능력으로 역사하신다. 구원을 얻은 하나님의 자녀에게 계속하여 성령님은 하나님의 뜻대로 행할 수 있는 능력을 공급하신다. 생명의 떡, 생명수를 먹고 마셔야 비로소 순종하여 하나님의 뜻대로 행하는 자가 될 수 있는 것이다. 그러므로 오직 믿음으로 그리스도인이 되지만, 생명의 떡, 생

명수를 공급받기에 그의 삶 가운데 변화되는 모습이 나타나게 되며, 그것이 진정으로 예수님을 믿는다는 증거가 되는 것이다.

요 15:4-6 ⁴ 내 안에 거하라 나도 너희 안에 거하리라 가지가 포도나무에 붙어 있지 아니하면 스스로 열매를 맺을 수 없음 같이 너희도 내 안에 있지 아니하면 그러하리라 ⁵ 나는 포도나무요 너희는 가지라 그가 내 안에, 내가 그 안에 거하면 사람이 열매를 많이 맺나니 나를 떠나서는 너희가 아무 것도 할 수 없음이라 ⁶ 사람이 내 안에 거하지 아니하면 가지처럼 밖에 버려져 마르나니 사람들이 그것을 모아다가 불에 던져 사르느니라

갈 5:22-23 ²² 오직 성령의 열매는 사랑과 희락과 화평과 오래 참음과 자비와 양선과 충성과 ²³ 온유와 절제니 이같은 것을 금지할 법이 없느니라

마 12:33 나무도 좋고 열매도 좋다 하든지 나무도 좋지 않고 열매도 좋지 않다 하든지 하라 그 열매로 나무를 아느니라

그들이 맺는 열매에 의해 그리스도인임이 알려진다.

요일 3:18 자녀들아 우리가 말과 혀로만 사랑하지 말고 행함과 진실함으로 하자

딤전 4:16 네가 네 자신과 가르침을 살펴 이 일을 계속하라 이것을 행함
으로 네 자신과 네게 듣는 자를 구원하리라

VII

무조건적 은혜와
조건적 은혜

성경을 볼 때 하나님을 모르는 구원받지 못한 자를 대상으로 하시는 말씀과 구원받은 자를 대상으로 하신 말씀을 구별하여 보아야 한다.

하나님의 은혜는 구원받지 못한 자가 회개하고 믿음으로 나오는 자에게 주시는 무 조건적인 은혜와 구원받은 자에게 주시는 조건적인 은혜가 있는 것을 성경에서 볼 수 있다.

1. 긍휼히 여기심

1) 무조건적 은혜

구원받지 못한 자가 회개하고 믿음으로 나오는 자에게 주시는 은혜는 무조건적인 은혜이다.

롬 9:15-16 ¹⁵ 모세에게 이르시되 내가 긍휼히 여길 자를 긍휼히 여기고 불쌍히 여길 자를 불쌍히 여기리라 하셨으니 ¹⁶ 그런즉 원하는 자로 말미암음도 아니요 달음박질하는 자로 말미암음도 아니요 오직 긍휼히 여기시는 하나님으로 말미암음이니라(표준새번역: ¹⁶ 그러므로 그것은 사람의 의지나 노력에 달려 있는 것이 아니라, 하나님의 자비에 달려 있습니다)

벧전 2:10 너희가 전에는 백성이 아니더니 이제는 하나님의 백성이요 전에는 긍휼을 얻지 못하였더니 이제는 긍휼을 얻은 자니라

하나님을 떠나 타락한 인간은 하나님의 뜻에 순종할 능력을 상실하여 율법의 요구를 자력으로 이룰 수 없음으로(롬 8:7), 행위가 아닌 값없이 받는 무조건적인 은혜로 구원을 얻는다(롬 3:24, 갈 2:16).

롬 8:7 육신의 생각은 하나님과 원수가 되나니 이는 하나님의 법에 굴복하지 아니할 뿐 아니라 할 수도 없음이라

롬 3:24 그리스도 예수 안에 있는 속량으로 말미암아 하나님의 은혜로 값 없이 의롭다 하심을 얻은 자 되었느니라

갈 2:16 사람이 의롭게 되는 것은 율법의 행위로 말미암음이 아니요 오

직 예수 그리스도를 믿음으로 말미암는 줄 알므로 우리도 그리스도 예수를 믿나니 이는 우리가 율법의 행위로써가 아니고 그리스도를 믿음으로써 의롭다 함을 얻으려 함이라 율법의 행위로써는 의롭다 함을 얻을 육체가 없느니라

2) 조건적 은혜

구원받은 자에게 주시는 은혜는 조건적인 은혜이다.

마 5:7 긍휼히 여기는 자는 복이 있나니 그들이 긍휼히 여김을 받을 것임이요

이 말씀은 제자들에게 하신 산상수훈의 말씀이므로 내용이 조건적이다. 우리가 하나님으로부터 조건 없는 은혜로 긍휼을 입은 자(구원받은 자)이기 때문에 긍휼을 베푸는 자가 되어야 한다는 뜻과 함께 긍휼을 받은 자로서 계속하여 하나님의 긍휼을 입기 위해서는 내가 남을 긍휼히 여기는 생활을 하여야 한다는 것이다.

약 2:13 긍휼을 행하지 아니하는 자에게는 긍휼 없는 심판이 있으리라 긍휼은 심판을 이기고 자랑하느니라

구원받는 것은 믿음으로 조건 없는 은혜를 입어서 되는 것이나(롬 9:15-16, 벧전 2:10), 구원받은 후에 우리가 하나님의 은혜를 입는 것은 조건적이다(마 5:7, 약 2:13).

2. 용서하심

1) 무조건적 은혜

<u>롬 3:24</u> 그리스도 예수 안에 있는 속량으로 말미암아 하나님의 은혜로 값 없이 의롭다 하심을 얻은 자 되었느니라

<u>딛 3:5</u> 우리를 구원하시되 우리가 행한 바 의로운 행위로 말미암지 아니하고 오직 그의 긍휼하심을 따라 중생의 씻음과 성령의 새롭게 하심으로 하셨나니

2) 조건적 은혜

<u>마 6:12</u> 우리가 우리에게 죄 지은 자를 사하여 준 것 같이 우리 죄를 사하여 주시옵고

<u>마 6:14-15</u> [14] 너희가 사람의 잘못을 용서하면 너희 하늘 아버지께서도

너희 잘못을 용서하시려니와 ¹⁵ 너희가 사람의 잘못을 용서하지 아니하면 너희 아버지께서도 너희 잘못을 용서하지 아니하시리라

주기도문에서 용서에 대한 내용도 같은 의미로 받아들여야 한다. 우리가 구원받음은 남을 용서함으로 하나님 앞에서 용서받아 구원받는 것이 아니고, 예수님께서 십자가에서 우리 죄를 대신하여 죽으심으로 값없이 구원받는 것이다(롬 3:24, 딛 3:5). 그러나 주기도문은 구원받은 자에게 가르쳐주신 것이므로 내용이 조건적이다(마 6:12, 마 6:14-15).

구원은 행위가 아닌 오직 믿음으로 얻는다. 타락한 인간은 하나님 보시기에 옳은 행위를 할 수 없으므로 하나님 앞에서 의롭다 하심을 얻는 것은 율법을 행함으로 되는 것이 아니다(갈 2:16, 롬 3:28).

하나님께서 우리에게 행하라고 주신 율법은 율법을 행함으로 구원을 얻도록 하기 위한 것이 아니고, 먼저 하나님을 떠나 율법을 행할 능력을 상실한 죄인임을 깨닫게 하는 것이다.

율법은 자기 의지와 노력으로 한 가지도 하나님의 뜻에 순종할 수 없고 상실된 능력을 회복할 수 없는 죄인임을 깨닫게 하고(롬 3:20), 믿음으로 죄 사함을 받을 수밖에 없다는 고백에 이르게 하는 역할을 한다(갈 3:24).

죄의 권세 아래서 율법을 온전히 지키는 데 실패한 인간이 받아야 할 저주를 예수님께서 대신 받으심으로 우리를 죄의 큰 세력에서 해방하여 주셨다.

구원받았다는 것은 하나님을 떠나 상실한 율법을 행할 능력, 하나님의 뜻에 순종할 능력이 회복되었다는 것을 의미한다.

하나님의 뜻에 순종하는 것은 성령 안에서 할 수 있다. 하나님께서는 회개하여 죄 사함을 얻고 구원받은 자에게 성령을 주셔서 하나님의 뜻에 순종할 능력을 회복시켜 주신다(행 2:38).

우리가 믿음으로 의롭다 함을 받기 전에는 하나님의 뜻을 행할 수 없었으나, 믿음이 온 후에는 선물로 받은 성령을 따라 행함으로 성령의 열매를 맺어야 한다.

성령을 선물로 받은 자는 성령을 따라 행함으로 율법의 요구를 이루는 생활을 하여야 한다. 성령을 따라 행하는 자에게 율법의 요구가 이루어지게 되고, 그는 하나님 앞에서 의롭다 하심을 얻는다(갈 5:16, 롬 8:4, 롬 2:13, 약 2:24).

율법의 행위는 구원의 조건이 아니다. 율법의 행위는 그리스도인의 의무이다. 율법의 행위는 구원의 수단이 될 수 없고, 구원받은 자는 성령 안에서 행함으로 삶 속에 율법이 이루어져야 한다.

안식일과 주일

이미 그의 안식에 들어간 자는
하나님이 자기의 일을 쉬심과 같이
그도 자기의 일을 쉬느니라
히 4:10

"그의 안식에 들어간 자"라는 말씀을 이해하려면
먼저 구약시대의 안식일과 신약의 주일의 관계를 이해하여야 한다.
구약의 안식일과 신약의 주일의 관계를
성경 말씀을 통하여 살펴보고
올바른 주일성수의 자세를 생각해 보려고 한다.

I

구약시대의 안식일

구약시대의 안식일은 하나님께서 엿새 동안 천지를 창조하시고 일곱째 날을 복되게 하사 거룩하게 하시고 그 날에 안식하셨으며, (창 2:1-3) 안식일에는 모든 사람이 아무 일도 하지 말라고 명령하셨다(출 20:10, 겔 20:20, 신 5:14).

창 2:1-3 ¹ 천지와 만물이 다 이루어지니라 ² 하나님이 그가 하시던 일을 일곱째 날에 마치시니 그가 하시던 모든 일을 그치고 일곱째 날에 안식하시니라 ³ 하나님이 그 일곱째 날을 복되게 하사 거룩하게 하셨으니 이는 하나님이 그 창조하시며 만드시던 모든 일을 마치시고 그 날에 안식하셨음이니라

출 20:8-11 ⁸ 안식일을 기억하여 거룩하게 지키라 ⁹ 엿새 동안은 힘써 네 모든 일을 행할 것이나 ¹⁰ 일곱째 날은 네 하나님 여호와의 안식일인즉

너나 네 아들이나 네 딸이나 네 남종이나 네 여종이나 네 가축이나 네 문안에 머무는 객이라도 아무 일도 하지 말라 ¹¹ 이는 엿새 동안에 나 여호와가 하늘과 땅과 바다와 그 가운데 모든 것을 만들고 일곱째 날에 쉬었음이라 그러므로 나 여호와가 안식일을 복되게 하여 그 날을 거룩하게 하였느니라

겔 20:20 또 나의 안식일을 거룩하게 할지어다 이것이 나와 너희 사이에 표징이 되어 내가 여호와 너희 하나님인 줄을 너희가 알게 하리라 하였노라

신 5:12-15 ¹² 네 하나님 여호와가 네게 명령한 대로 안식일을 지켜 거룩하게 하라 ¹³ 엿새 동안은 힘써 네 모든 일을 행할 것이나 ¹⁴ 일곱째 날은 네 하나님 여호와의 안식일인즉 너나 네 아들이나 네 딸이나 네 남종이나 네 여종이나 네 소나 네 나귀나 네 모든 가축이나 네 문 안에 유하는 객이라도 아무 일도 하지 못하게 하고 네 남종이나 네 여종에게 너 같이 안식하게 할지니라 ¹⁵ 너는 기억하라 네가 애굽 땅에서 종이 되었더니 네 하나님 여호와가 강한 손과 편 팔로 거기서 너를 인도하여 내었나니 그러므로 네 하나님 여호와가 네게 명령하여 안식일을 지키라 하느니라

그러나 14절에 일곱째 날은 여호와의 안식일인즉 아무도 일하지 못하게 하고 안식하게 하라고 말씀하신다. 이어서 나오는 애굽 땅에

서 이스라엘 백성을 건져낸 것을 기억하여 안식일을 지키라고 하신 말씀에서 안식일의 개념이 달라진 것을 볼 수 있다.

하나님께서 애굽 땅에서 이스라엘 백성을 건져낸 것을 기억하여 안식일을 지키라고 말씀하셨는지 살펴보자.

겔 20:9 그러나 내가 그들이 거주하는 이방인의 눈 앞에서 그들에게 나타나 그들을 애굽 땅에서 인도하여 내었나니 이는 내 이름을 위함이라 내 이름을 그 이방인의 눈 앞에서 더럽히지 아니하려고 행하였음이라

하나님께서는 이스라엘 백성들이 하나님 마음에 합당한 삶을 살아서가 아니고, 언약, 즉 하나님께서 약속하셔서 이스라엘 백성을 애굽 땅에서 구원해내셨다.

롬 5:8 우리가 아직 죄인 되었을 때에 그리스도께서 우리를 위하여 죽으심으로 하나님께서 우리에 대한 자기의 사랑을 확증하셨느니라

마찬가지로 우리가 하나님을 떠나 살며 하나님 앞에 합당한 삶을 살지 못했지만, 약속하신 대로 예수 그리스도를 이 땅에 보내서서 우리 죄를 대속하여 십자가에 죽으심으로 우리를 구원하셨다.

하나님께서 이스라엘 백성을 애굽 땅에서 구원해 내신 일은, 예수

그리스도를 이 땅에 보내셔서 우리 죄를 대속하여 십자가에 죽으심으로 우리를 구원하신 일의 그림자인 것이다.

> 고전 10:1-5 ¹ 형제들아 나는 너희가 알지 못하기를 원하지 아니하노니 우리 조상들이 다 구름 아래에 있고 바다 가운데로 지나며 ² 모세에게 속하여 다 구름과 바다에서 세례를 받고 ³ 다 같은 신령한 음식을 먹으며 ⁴ 다 같은 신령한 음료를 마셨으니 이는 그들을 따르는 신령한 반석으로부터 마셨으매 그 반석은 곧 그리스도시라 ⁵ 그러나 그들의 다수를 하나님이 기뻐하지 아니하셨으므로 그들이 광야에서 멸망을 받았느니라

애굽 땅에서 이스라엘 백성을 건져낸 것을 기억하여 안식일을 지키라는 신명기 5:15절의 말씀은 신약의 예수님께서 십자가에 죽으심으로 우리를 구원하신 일과 연결되어지는 것이다.

II

율법은 장차 올
좋은 일의 그림자

1. 구약의 안식일 제도와 같은 구약의 율법은 참 형상이 아니고 장차 올 좋은 일의 그림자와 같은 것이다

히 10:1 율법은 장차 올 좋은 일의 그림자일 뿐이요 참 형상이 아니므로 해마다 늘 드리는 같은 제사로는 나아오는 자들을 언제나 온전하게 할 수 없느니라

골 2:16-17 16 그러므로 먹고 마시는 것과 절기나 초하루나 안식일을 이유로 누구든지 너희를 비판하지 못하게 하라 17 이것들은 장래 일의 그림자이나 몸은 그리스도의 것이니라

2. 그래서 참 형상인 예수 그리스도께서는 그림자인 율법을 폐하시고(호2:11) 율법의 마침(롬10:4)이 되신다

> **호 2:11** 내가 그의 모든 희락과 절기와 월삭과 안식일과 모든 명절을 폐하겠고

> **롬 10:4** 그리스도는 모든 믿는 자에게 의를 이루기 위하여 율법의 마침이 되시니라

안식일을 포함한 모세의 율법이 우리를 그리스도에게 인도할 초등교사(갈3:24-25)이었다는 점을 이해하면 주님께서 선지자 호세아로 하여금 이스라엘의 안식일을 폐하겠다고 말하게 하셨는지 이해할 수 있다.

> **갈 3:24-25** ²⁴ 이같이 율법이 우리를 그리스도께로 인도하는 초등교사가 되어 우리로 하여금 믿음으로 말미암아 의롭다 함을 얻게 하려 함이라 ²⁵ 믿음이 온 후로는 우리가 초등교사 아래에 있지 아니하도다

그리스도에게 인도하는 초등교사로서의 역할을 한 안식일은 모세의 나머지 율법과 같이 그리스도 안에서 성취된 것이다.

3. 참 형상이신 예수님은 자신이 율법을 폐하시고 율법을 완전케 하셨다

> 히 7:12 제사 직분이 바꾸어졌은즉 율법도 반드시 바꾸어지리니

> 히 10:9 그 후에 말씀하시기를 보시옵소서 내가 하나님의 뜻을 행하러 왔나이다 하셨으니 그 첫째 것을 폐하심은 둘째 것을 세우려 하심이라

> 마 5:17 내가 율법이나 선지자를 폐하러 온 줄로 생각하지 말라 폐하러 온 것이 아니요 완전하게 하려 함이라

예수님께서 말씀하신 안식일의 참뜻을 잘 이해하여야 한다.

예수님께서는 안식일을 부정하거나 지키지 말라고 하시지 않았다. 예수님은 부활하시고 승천하시기 전, 살아 계시는 동안은 안식일을 지키셨다. 예수님은 유대인들의 잘못된 안식일에 대한 규례와 임의로 확대 해석한 것을 정상으로 돌려놓으신 것이다.

안식일을 지키는 것은 우리에게 자유와 참 평안 그리고 쉼을 얻게 하는 복된 일이다. 그러나 유대인들은 '안식일에 병을 고치거나 이삭을 잘라 먹으면 안 된다'는 등의 규례를 세워 안식일의 진정한 의미를 퇴색시켰다. 껍데기뿐인 형식을 잘 따르면 좋은 믿음이고, 그렇지 않으면 열등감을 느끼고 죄책감을 느끼게끔 만든 것이다(갈 4:10-11).

그것을 안식일의 주인이신 예수님이 깨뜨리신 것이다(요5:8-10, 눅 6:1-5)

갈 4:10-11 ¹⁰ 너희가 날과 달과 절기와 해를 삼가 지키니 ¹¹ 내가 너희를 위하여 수고한 것이 헛될까 두려워하노라

요 5:8-10 ⁸ 예수께서 이르시되 일어나 네 자리를 들고 걸어가라 하시니 ⁹ 그 사람이 곧 나아서 자리를 들고 걸어가니라 이 날은 안식일이니 ¹⁰ 유대인들이 병 나은 사람에게 이르되 안식일인데 네가 자리를 들고 가는 것이 옳지 아니하니라

눅 6:1-5 ¹ 안식일에 예수께서 밀밭 사이로 지나가실새 제자들이 이삭을 잘라 손으로 비비어 먹으니 ² 어떤 바리새인들이 말하되 어찌하여 안식일에 하지 못할 일을 하느냐 ³ 예수께서 대답하여 이르시되 다윗이 자기 및 자기와 함께 한 자들이 시장할 때에 한 일을 읽지 못하였느냐 ⁴ 그가 하나님의 전에 들어가서 다만 제사장 외에는 먹어서는 안 되는 진설병을 먹고 함께 한 자들에게도 주지 아니하였느냐 ⁵ 또 이르시되 인자는 안식일의 주인이니라 하시더라

III

안식을 완성하신 예수님

안식일의 주인이신 예수님은 부활하심으로 그림자인 구약의 안식일을 완성하셨다.

1. 안식일의 주인이신 예수님의 십자가와 부활에 대한 사도바울의 이야기

롬 6:4 그러므로 우리가 그의 죽으심과 합하여 세례를 받음으로 그와 함께 장사되었나니 이는 아버지의 영광으로 말미암아 그리스도를 죽은 자 가운데서 살리심과 같이 우리로 또한 새 생명 가운데서 행하게 하려 함이라

롬 8:4 육신을 따르지 않고 그 영을 따라 행하는 우리에게 율법의 요구가 이루어지게 하려 하심이니라

롬 10:3-4 ³ 하나님의 의를 모르고 자기 의를 세우려고 힘써 하나님의 의에 복종하지 아니하였느니라 ⁴ 그리스도는 모든 믿는 자에게 의를 이루기 위하여 율법의 마침이 되시니라

2. 안식을 완성하신 예수님의 말씀

마 11:28-30 ²⁸ 수고하고 무거운 짐 진 자들아 다 내게로 오라 내가 너희를 쉬게 하리라 ²⁹ 나는 마음이 온유하고 겸손하니 나의 멍에를 메고 내게 배우라 그리하면 너희 마음이 쉼을 얻으리니 ³⁰ 이는 내 멍에는 쉽고 내 짐은 가벼움이라 하시니라

수고하고 무거운 짐 진 자들아 다 내게로 오라 내가 너희를 쉬게 하리라 ─ 성령으로 행함을 통해 나의 힘으로 율법의 요구를 이루려는 수고의 짐을 내려놓고 쉬게 하리라.

예수님께서는 우리의 죄를 구속하시기 위하여 십자가에 못 박혀 죽으시고, 사흘 만에 부활하셔서 성령을 우리에게 주심으로 안식을 완성하셨다. 그리고 성령 안에서 성령을 따라 행하는 성도에게, 자기 힘으로 율법의 요구를 이루려는 수고를 내려놓고 그리스도께서 내 안에 계셔서 그 법을 지키심으로 얻는 쉼(안식)을 이루어주셨다.

요 7:37-39 ³⁷ 명절 끝날 곧 큰 날에 예수께서 서서 외쳐 이르시되 누구든 지 목마르거든 내게로 와서 마시라 ³⁸ 나를 믿는 자는 성경에 이름과 같 이 그 배에서 생수의 강이 흘러나오리라 하시니 ³⁹ 이는 그를 믿는 자들 이 받을 성령을 가리켜 말씀하신 것이라 (예수께서 아직 영광을 받지 않 으셨으므로 성령이 아직 그들에게 계시지 아니하시더라)

요 16:13 그러나 진리의 성령이 오시면 그가 너희를 모든 진리 가운데로 인도하시리니 그가 스스로 말하지 않고 오직 들은 것을 말하며 장래 일 을 너희에게 알리시리라

히 4:10 이미 그의 안식에 들어간 자는 하나님이 자기의 일을 쉬심과 같 이 그도 자기의 일을 쉬느니라

그러므로 우리가 성령 안에서 생활하는 모든 날이 자기 일을 쉬는 안식일인 것이다.

IV

안식에 들어오라고
초청하시는 예수님

히 4:10-11 ¹⁰ 이미 그의 안식에 들어간 자는 하나님이 자기의 일을 쉬심과 같이 그도 자기의 일을 쉬느니라 ¹¹ 그러므로 우리가 저 안식에 들어가기를 힘쓸지니 이는 누구든지 저 순종하지 아니하는 본에 빠지지 않게 하려 함이라

1. 그의 안식에 들어간 자는 예수 그리스도로 옷 입고 성령 안에서 생활하는 자이다

롬 13:14 오직 주 예수 그리스도로 옷 입고 정욕을 위하여 육신의 일을 도모하지 말라

요일 4:13 그의 성령을 우리에게 주시므로 우리가 그 안에 거하고 그가 우리 안에 거하시는 줄을 아느니라

요 14:10 내가 아버지 안에 거하고 아버지는 내 안에 계신 것을 네가 믿지 아니하느냐 내가 너희에게 이르는 말은 스스로 하는 것이 아니라 아버지께서 내 안에 계셔서 그의 일을 하시는 것이라

2. 성령 안에서 자기 일을 쉼으로 주님이 주시는 참 평안과 기쁨을 누리는 자이다

롬 8:5-6 5 육신을 따르는 자는 육신의 일을, 영을 따르는 자는 영의 일을 생각하나니 6 육신의 생각은 사망이요 영의 생각은 생명과 평안이니라

요 14:26-28 26 보혜사 곧 아버지께서 내 이름으로 보내실 성령 그가 너희에게 모든 것을 가르치고 내가 너희에게 말한 모든 것을 생각나게 하리라 27 평안을 너희에게 끼치노니 곧 나의 평안을 너희에게 주노라 내가 너희에게 주는 것은 세상이 주는 것과 같지 아니하니라 너희는 마음에 근심하지도 말고 두려워하지도 말라 28 내가 갔다가 너희에게로 온다 하는 말을 너희가 들었나니 나를 사랑하였더라면 내가 아버지께로 감을 기뻐하였으리라 아버지는 나보다 크심이라

구약의 안식일이 성령 안에서 자기 일을 쉬는 안식과 평안을 예표하는 것을 깨닫는 것이 안식일의 참된 의미를 아는 것이다.

그의 안식에 들어간 자들의 고백

다윗 왕

(다윗 왕이 노년에 아들 압살롬의 반역으로 아버지를 죽이겠다고 쫓아오는 아들을 피해 도망치며 불렀던 시)

시 23:1-6 ¹ 여호와는 나의 목자시니 내게 부족함이 없으리로다 ² 그가 나를 푸른 풀밭에 누이시며 쉴 만한 물 가로 인도하시는도다 ³ 내 영혼을 소생시키시고 자기 이름을 위하여 의의 길로 인도하시는도다 ⁴ 내가 사망의 음침한 골짜기로 다닐지라도 해를 두려워하지 않을 것은 주께서 나와 함께 하심이라 주의 지팡이와 막대기가 나를 안위하시나이다 ⁵ 주께서 내 원수의 목전에서 내게 상을 차려 주시고 기름을 내 머리에 부으셨으니 내 잔이 넘치나이다 ⁶ 내 평생에 선하심과 인자하심이 반드시 나를 따르리니 내가 여호와의 집에 영원히 살리로다

선지자 하박국

합 3:17-18 ¹⁷ 비록 무화과나무가 무성하지 못하며 포도나무에 열매가 없으며 감람나무에 소출이 없으며 밭에 먹을 것이 없으며 우리에 양이 없으며 외양간에 소가 없을지라도 ¹⁸ 나는 여호와로 말미암아 즐거워하며 나의 구원의 하나님으로 말미암아 기뻐하리로다

사도바울

<u>롬 5:3-5</u> [3] 다만 이뿐 아니라 우리가 환난 중에도 즐거워하나니 이는 환난은 인내를, [4] 인내는 연단을, 연단은 소망을 이루는 줄 앎이로다 [5] 소망이 우리를 부끄럽게 하지 아니함은 우리에게 주신 성령으로 말미암아 하나님의 사랑이 우리 마음에 부은 바 됨이니

V

안식에 들어오지 못하는 자

히 3:10-11 ¹⁰ 그러므로 내가 이 세대에게 노하여 이르기를 그들이 항상 마음이 미혹되어 내 길을 알지 못하는도다 하였고 ¹¹ 내가 노하여 맹세한 바와 같이 그들은 내 안식에 들어오지 못하리라 하였다 하였느니라

하나님을 떠나 말씀에 순종하지 않고, 마음이 미혹되어 자기가 원하는 것과 세상을 사랑하는 자들은 안식에 참여하지 못한다고 말씀하신다.

히 3:18-19 ¹⁸ 또 하나님이 누구에게 맹세하사 그의 안식에 들어오지 못하리라 하셨느냐 곧 순종하지 아니하던 자들에게가 아니냐 ¹⁹ 이로 보건대 그들이 믿지 아니하므로 능히 들어가지 못한 것이라

히 4:1-6 ¹ 그러므로 우리는 두려워할지니 그의 안식에 들어갈 약속이 남

아 있을지라도 너희 중에는 혹 이르지 못할 자가 있을까 함이라 ² 그들과 같이 우리도 복음 전함을 받은 자이나 들은 바 그 말씀이 그들에게 유익하지 못한 것은 듣는 자가 믿음과 결부시키지 아니함이라 ³ 이미 믿는 우리들은 저 안식에 들어가는도다 그가 말씀하신 바와 같으니 내가 노하여 맹세한 바와 같이 그들이 내 안식에 들어오지 못하리라 하셨다 하였으나 세상을 창조할 때부터 그 일이 이루어졌느니라 ⁴ 제칠일에 관하여는 어딘가에 이렇게 일렀으되 하나님은 제칠일에 그의 모든 일을 쉬셨다 하였으며 ⁵ 또 다시 거기에 그들이 내 안식에 들어오지 못하리라 하였으니 ⁶ 그러면 거기에 들어갈 자들이 남아 있거니와 복음 전함을 먼저 받은 자들은 순종하지 아니함으로 말미암아 들어가지 못하였으므로

요일 2:15-17 ¹⁵ 이 세상이나 세상에 있는 것들을 사랑하지 말라 누구든지 세상을 사랑하면 아버지의 사랑이 그 안에 있지 아니하니 ¹⁶ 이는 세상에 있는 모든 것이 육신의 정욕과 안목의 정욕과 이생의 자랑이니 다 아버지께로부터 온 것이 아니요 세상으로부터 온 것이라 ¹⁷ 이 세상도, 그 정욕도 지나가되 오직 하나님의 뜻을 행하는 자는 영원히 거하느니라

갈 5:24 그리스도 예수의 사람들은 육체와 함께 그 정욕과 탐심을 십자가에 못 박았느니라

VI

구약의 안식일,
신약의 주일로 완성되다

1. 예수님의 부활과 성령강림

예수님께서 십자가에 죽으시고 사흘 만에 부활하셔서 성령을 우리에게 주심으로 그림자인 구약의 안식일을 완성하셨는데 그날이 안식 후 첫날(주일)이다.

1) 예수님의 부활

<u>요 20:1</u> 안식 후 첫날 일찍이 아직 어두울 때에 막달라 마리아가 무덤에 와서 돌이 무덤에서 옮겨진 것을 보고

<u>막 16:9</u> 예수께서 안식 후 첫날 이른 아침에 살아나신 후 전에 일곱 귀신을 쫓아내어 주신 막달라 마리아에게 먼저 보이시니

예수님은 안식 후 첫날(주일)에 부활하셨다.

2) 오순절 성령강림

<u>행 2:1-4</u> ¹ 오순절* 날이 이미 이르매 그들이 다같이 한 곳에 모였더니 ² 홀연히 하늘로부터 급하고 강한 바람 같은 소리가 있어 그들이 앉은 온 집에 가득하며 ³ 마치 불의 혀처럼 갈라지는 것들이 그들에게 보여 각 사람 위에 하나씩 임하여 있더니 ⁴ 그들이 다 성령의 충만함을 받고 성령이 말하게 하심을 따라 다른 언어들로 말하기를 시작하니라

<u>신 16:10</u> 네 하나님 여호와 앞에 칠칠절**을 지키되 네 하나님 여호와께서 네게 복을 주신 대로 네 힘을 헤아려 자원하는 예물을 드리고

유대교의 오순절

오순절은 이스라엘의 3대 명절 중의 하나로 주로 보리농사에서

---

* 성령께서 강림하신 날이 예수께서 부활하신 지 50일이 되는 날이며 부활 후 7번째 되는 안식 후 첫날(주일)이다. 기독교가 세계를 향하여 선교를 시작한 것이 바로 이때부터이다.

** 첫 곡식을 거둔 날로부터 시작해서 7주, 49일이 지난 절기가 칠칠절이다. 49일이 지나 50일째 되는 날이 되어 오순일이다. 신약에 와서 바로 이때에 성령강림이 있었기 때문에 오순절이라고도 부른다. 그리고 이때는 밀을 추수하는 계절이기 때문에 맥추절이라고도 부른다. 칠칠절과 맥추절과 오순절은 시기가 같은 때이므로 유대교의 오순절은 기독교의 오순절과도 같은 시기이다.

얻은 첫 곡식을 가지고 드리는 감사절(맥추절)이며 유대교의 랍비들
은 하나님께서 시내산에서 모세를 통하여 히브리 백성들에게 십계
명을 주신 날로 기념하기도 한다.

기독교의 오순절

구약에서 하나님이 히브리 민족을 구원하기 위하여 십계명을 주
신 것과 같이 신약에서는 하나님 자신의 새로운 섭리에 의한 은총의
선물로 예수를 따르는 자들에게 약속의 성령을 주신 날이다.

이스라엘의 3대 명절

1) 유월절: 이스라엘 백성이 애굽의 노예 생활에서 해방된 것을
   기념하여 지키는 명절이다.
2) 오순절: 칠칠절 또는 맥추절이라고 불렀다.
3) 초막절: 장막절이라고도 불렀다. 7일간 초막을 짓고 광야 생활
   을 기억하고 기념하며 감사하는 명절이다.

2. 주일에 모여서 예배하기 시작

주님께서 승천하신 후에 제자들과 기독교인들은 안식을 완성하
신 날, 즉 예수님께서 부활하신 안식 후 첫날(주일)에 모여서 예배하
기 시작했다(행 20:7, 고전 16:1-2).

<u>행 20:7</u> 그 주간의 첫날에 우리가 떡을 떼려 하여 모였더니 바울이 이튿 날 떠나고자 하여 그들에게 강론할새 말을 밤중까지 계속하매

<u>고전 16:1-2</u> ¹ 성도를 위하는 연보에 관하여는 내가 갈라디아 교회들에게 명한 것 같이 너희도 그렇게 하라 ² 매주 첫날에 너희 각 사람이 수입에 따라 모아 두어서 내가 갈 때에 연보를 하지 않게 하라

그의 안식에 들어간 성도들은, 예수님께서 우리 죄를 구속하시기 위하여 십자가에서 죽으시고 사흘 만에 부활하심으로 이루신 그의 안식에 들어가 성령 안에서 주님께서 주시는 참 안식과 평안을 누리며 산다. 이 안식을 완성하신 날, 성도들은 예수님께서 부활하신 날인 안식 후 첫날(주일)에 주님께 감사와 찬양을 올려드리며 발걸음을 교회로 향한다.

3. 주일에 요한에게 나타나신 주님

주님은 주일에 밧모섬에 유배된 요한에게 나타나셔서 마지막에 완성될 새 하늘과 새 땅을 계시해 주셨다(계 1:8-10).

<u>계 1:8-10</u> ⁸ 주 하나님이 이르시되 나는 알파와 오메가라 이제도 있고 전에도 있었고 장차 올 자요 전능한 자라 하시더라 ⁹ 나 요한은 너희 형제

요 예수의 환난과 나라와 참음에 동참하는 자라 하나님의 말씀과 예수를 증언하였음으로 말미암아 밧모라 하는 섬에 있었더니 **10** 주의 날에 내가 성령에 감동되어 내 뒤에서 나는 나팔 소리 같은 큰 음성을 들으니

이 말씀은 주일이 새 하늘과 새 땅의 완성과 밀접한 관계가 있음을 보여주는 것이다. 제7일이 하나님께서 첫 번째 하늘과 땅의 창조가 완성된 것을 선포한 날이라면, 주일은 주님 안에서 다시 새 하늘과 새 땅이 열리게 된 것이 선포된 날이다. 하나님께서 6일 동안 만드셨던 첫 번째 하늘과 땅은 마지막에 사라지게 될 것이다. 그리고 하나님은 주님 안에서 다시 두 번째로 새 하늘과 새 땅을 지으실 것이다. 주님의 부활은 바로 이 일이 이루어질 것임을 증거해주는 것이다.

말라기 선지자 이후에 율법 학자들은 안식일을 준수한다는 명목으로 수많은 울타리 법을 만들어 사람들을 안식일의 노예로 만들어버리고 말았다.

막 2:27-28 ²⁷ 또 이르시되 안식일이 사람을 위하여 있는 것이요 사람이 안식일을 위하여 있는 것이 아니니 ²⁸ 이러므로 인자는 안식일에도 주인이니라

 구약의 안식일이 성령 안에서 자기 일을 쉬는 안식과 평안을 예표하는 것을 깨닫는 것이 안식일의 참된 의미를 아는 것이다. 구약의 안식일은 일주일의 마지막 날인 일곱째 날이지만, 이제는 안식일을 완성하고 안식일의 주인이신 예수 그리스도로 옷입고, 성령 안에서 생활하므로 모든 날이 자기 일을 쉬는 안식일이다.
그래서 안식일의 완성인 예수 그리스도가 부활하신 안식 후 첫날을 주일로 예배드리는 것이다. 주님은 성도들을 대표해서 첫 열매가 되어 이 안식에 먼저 들어가셨다. 주님은 첫 열매이기 때문에 나머지 열매인 우리들도 반드시 이 안식에 들어가게 될 것이다. 그러므로 주님의 부활은 첫 번째 창조가 완성된 제7일(안식일)보다 더 중요한 날이다. 첫 번째 창조는 지나가 버릴 것이지만, 다가올 새 하늘과 새 땅은 영원히 있게 될 것이다.

히 4:10 이미 그의 안식에 들어간 자는 하나님이 자기의 일을 쉬심과 같이 그도 자기의 일을 쉬느니라

6과

———

겸손과 용서와 사랑의 왕、예수 그리스도

누가 철학과 헛된 속임수로
너희를 사로잡을까 주의하라
이것은 사람의 전통과 세상의 초등학문을 따름이요
그리스도를 따름이 아니니라

골 2:8

너희가 세상의 초등학문에서
그리스도와 함께 죽었거든
어찌하여 세상에 사는 것과 같이 규례에 순종하느냐

골 2:20

그러므로 너희는 하나님이 택하사
거룩하고 사랑 받는 자처럼
긍휼과 자비와 겸손과 온유와 오래 참음을 옷 입고

골 3:12

I

겸손

1. 하나님의 피조물인 인간의 겸손

1) 성경에서 말씀하시는 겸손

하나님의 생명과 능력으로 창조된 하나님의 피조물인 인간은 하나님께서 계속하여 매 순간 동일한 생명과 능력으로 함께해 주시지 않으면 안 된다.

하나님께서 주시는 생명과 능력은, 한 번 주심으로 끝나는 것이 아니라 하나님의 끊임없는 권능의 역사하심 가운데 매 순간 계속하여 전달되는 것이다.

이렇게 피조물인 인간과 하나님의 관계는 부단하고 절대적인 의존 관계일 수밖에 없으며 이것이 피조물인 인간이 하나님 앞에서의 겸손인 것이다.

이와같이 하나님께 대한 전적인 의존인 겸손은 피조물의 첫 번째 의무이자 최고의 미덕이며, 모든 도덕의 근본이다.

그러므로 성경에서 말하는 겸손은 세상의 도덕적 예절 중의 하나가 아니다.

골 2:8 누가 철학과 헛된 속임수로 너희를 사로잡을까 주의하라 이것은 사람의 전통과 세상의 초등학문을 따름이요 그리스도를 따름이 아니니라

골 2:18-23 ¹⁸ 아무도 꾸며낸 겸손과 천사 숭배를 이유로 너희를 정죄하지 못하게 하라 그가 그 본 것에 의지하여 그 육신의 생각을 따라 헛되이 과장하고 ¹⁹ 머리를 붙들지 아니하는지라 온 몸이 머리로 말미암아 마디와 힘줄로 공급함을 받고 연합하여 하나님이 자라게 하시므로 자라느니라 ²⁰ 너희가 세상의 초등학문에서 그리스도와 함께 죽었거든 어찌하여 세상에 사는 것과 같이 규례에 순종하느냐 ²¹ (곧 붙잡지도 말고 맛보지도 말고 만지지도 말라 하는 것이니 ²² 이 모든 것은 한때 쓰이고는 없어지리라) 사람의 명령과 가르침을 따르느냐 ²³ 이런 것들은 자의적 숭배와 겸손과 몸을 괴롭게 하는 데는 지혜 있는 모양이나 오직 육체 따르는 것을 금하는 데는 조금도 유익이 없느니라

2) 겸손은 우리의 완전한 무익함을 깨닫는 의식이다

이 의식은 하나님께서 참으로 만유가 되신다는 것을 우리가 깨달을 때 생겨나는 것이며, 진흙과 같은 우리가 토기장이가 되시는 하나님께로 나아가게 하는 의식이다.

사 64:8 그러나 여호와여, 이제 주는 우리 아버지시니이다 우리는 진흙이요 주는 토기장이시니 우리는 다 주의 손으로 지으신 것이니이다

창조주 하나님께서 자유롭게 만유가 되시도록 맡기는 피조물의 겸손이 가장 근원적으로 중요한 것이며 새 생명을 공급받으며 복 받는 비결이다.

잠 22:4 겸손과 여호와를 경외함의 보상은 재물과 영광과 생명이니라

약 4:6 그러나 더욱 큰 은혜를 주시나니 그러므로 일렀으되 하나님이 교만한 자를 물리치시고 겸손한 자에게 은혜를 주신다 하였느니라

2. 겸손의 상실(교만)이 모든 죄악의 근원(원죄)이다

타락한 천사들이 자기도취에 빠지기 시작하여 불순종함으로 빛

난 천국으로부터 어두운 바깥으로 쫓겨나게 된 것이 바로 겸손을 상실한 때였다.

유 1:6 또 자기 지위를 지키지 아니하고 자기 처소를 떠난 천사들을 큰 날의 심판까지 영원한 결박으로 흑암에 가두셨으며

벧후 2:4 하나님이 범죄한 천사들을 용서하지 아니하시고 지옥에 던져 어두운 구덩이에 두어 심판 때까지 지키게 하셨으며

교만함으로 인하여 천국에서 쫓겨난 옛 뱀, 악마의 본성인 교만을 가지고 있는 옛 뱀은 하와의 귓속에 유혹의 말을 속삭이면서 지옥의 독까지 함께 불어넣었다.

그리고 하와가 선악을 아는 데 있어 하나님과 같이 되고 싶다는 욕망과 의지에 굴복했을 때(창 3:3-6) 그 독은 하와의 영혼과 생명 속으로 들어와서 우리의 영원한 행복이 되었을 겸손과 하나님께 대한 의존을 영원히 파괴해 버리고 말았다(p.27: 2. 인간은 아담의 원죄로 영혼이 죽은 상태로 태어났다 참고).

창 3:3-6 ³ 동산 중앙에 있는 나무의 열매는 하나님의 말씀에 너희는 먹지도 말고 만지지도 말라 너희가 죽을까 하노라 하셨느니라 ⁴ 뱀이 여자에게 이르되 너희가 결코 죽지 아니하리라 ⁵ 너희가 그것을 먹는 날

에는 너희 눈이 밝아져 하나님과 같이 되어 선악을 알 줄 하나님이 아심 이니라 ⁶ 여자가 그 나무를 본즉 먹음직도 하고 보암직도 하고 지혜롭 게 할 만큼 탐스럽기도 한 나무인지라 여자가 그 열매를 따먹고 자기와 함께 있는 남편에게도 주매 그도 먹은지라

이 영적 세력은 우리의 안과 밖 모두에 존재하고 있다. 그 사탄의 기원을 깨달을 때 우리는 스스로 교만을 정복하여 몰아낼 수 없다는 절망의 탄식을 발할 수밖에 없다(p.122: II. 하나님을 떠난 인간 참고).

그러나 이 완전한 절망은 우리 자신의 것이 아닌 능력과 생명 곧 사탄과 사탄의 교만을 몰아내기 위하여 하나님의 어린양에 의해 우리에게 전달된 천국의 겸손을 받아드리는데 이르게 한다(p.182: 3. 우리를 겸손하게 하시는 두 번째 아담 예수 그리스도 참고).

우리는 겸손이 여전히 결핍된 상태인데도 열렬하고 적극적인 신앙이 있을 수 있다는 것을 제자들에게서도 볼 수 있다.

마 4:20 그들이 곧 그물을 버려 두고 예수를 따르니라

마 26:33-35 ³³ 베드로가 대답하여 이르되 모두 주를 버릴지라도 나는 결코 버리지 않겠나이다 ³⁴ 예수께서 이르시되 내가 진실로 네게 이르노

니 오늘 밤 닭 울기 전에 네가 세 번 나를 부인하리라 ³⁵ 베드로가 이르되 내가 주와 함께 죽을지언정 주를 부인하지 않겠나이다 하고 모든 제자도 그와 같이 말하니라

마 26:72 베드로가 맹세하고 또 부인하여 이르되 나는 그 사람을 알지 못하노라 하더라

마 26:74-75 ⁷⁴ 그가 저주하며 맹세하여 이르되 나는 그 사람을 알지 못하노라 하니 곧 닭이 울더라 ⁷⁵ 이에 베드로가 예수의 말씀에 닭 울기 전에 네가 세 번 나를 부인하리라 하심이 생각나서 밖에 나가서 심히 통곡하니라

하나님께서는 그들에게 예수님이 하나님께서 보내신 그리스도이시라는 사실을 계시하셨다. 그들은 예수님을 믿었고, 예수님을 사랑했고, 예수님의 명령에 순종했고, 모든 것을 버리고 예수님을 따랐다. 다른 사람들이 떠났을 때도 그들은 마음으로 예수님과 함께 죽을 각오가 되어 있었다.

그러나 이 모든 일보다 더 깊은 곳에는 그들이 거의 의식하지 못했던 무서운 흑암의 권세가 존재하고 있었다. 그들은 예수님의 구원하시는 능력의 증거자가 되기 위해서는 먼저 이 흑암의 권세를 끊어 버리지 않으면 안 되었던 것이다.

이 일은 지금 우리 모두에게도 동일하게 적용된다. 제자들은 예수님의 교훈을 배우려고 애를 썼고 다시는 예수님을 근심하게 하지 않겠다고 굳게 결심하였으나 그런 일들이 모두 허사였다. 개인적인 결심이나 노력이 아무리 진실하고 성실할지라도, 아무리 겸손의 미덕을 깊이 느낄지라도, 교만이라는 악을 내어 쫓을 수가 없음을 깨달아야 한다.

롬 7:21-25 ²¹ 그러므로 내가 한 법을 깨달았노니 곧 선을 행하기 원하는 나에게 악이 함께 있는 것이로다 ²² 내 속사람으로는 하나님의 법을 즐거워하되 ²³ 내 지체 속에서 한 다른 법이 내 마음의 법과 싸워 내 지체 속에 있는 죄의 법으로 나를 사로잡는 것을 보는도다 ²⁴ 오호라 나는 곤고한 사람이로다 이 사망의 몸에서 누가 나를 건져내랴 ²⁵ 우리 주 예수 그리스도로 말미암아 하나님께 감사하리로다 그런즉 내 자신이 마음으로는 하나님의 법을 육신으로는 죄의 법을 섬기노라

롬 8:1-4 ¹ 그러므로 이제 그리스도 예수 안에 있는 자에게는 결코 정죄함이 없나니 ² 이는 그리스도 예수 안에 있는 생명의 성령의 법이 죄와 사망의 법에서 너를 해방하였음이라 ³ 율법이 육신으로 말미암아 연약하여 할 수 없는 그것을 하나님은 하시나니 곧 죄로 말미암아 자기 아들을 죄 있는 육신의 모양으로 보내어 육신에 죄를 정하사 ⁴ 육신을 따르지 않고 그 영을 따라 행하는 우리에게 율법의 요구가 이루어지게 하려

하심이니라

나는 예수를 알았고 내 영혼은 그를 소중히 알고 있었다. 그러나 나는 내 속에 아직도 무엇인가 나를 온유하지 못하게 만들고, 인내하지 못하게 하며, 친절하지 못하게 하는 것이 있음을 알았다. 나는 예수님께 이 일을 아뢰고 내 뜻을 그에게 맡겼다. 그랬더니 그가 내 속에 들어오셔서 나로 하여금 온유하지 못하게 하는 것 인내하지 못하게 하는 것 친절하지 못하게 하는 모든 것들을 내 속에서 제거하여 주셨다.

-조지 폭스

3. 우리를 겸손하게 하시는 두 번째 아담 예수 그리스도

롬 5:18-19 [18] 그런즉 한 범죄로 많은 사람이 정죄에 이른 것 같이 한 의로운 행위로 말미암아 많은 사람이 의롭다 하심을 받아 생명에 이르렀느니라 [19] 한 사람이 순종하지 아니함으로 많은 사람이 죄인 된 것 같이 한 사람이 순종하심으로 많은 사람이 의인이 되리라

우리는 교만의 삶 못지않게 실제적이고 영속적이고 압도적인 겸손의 삶을 우리 안에 주시는 두 번째 아담과 그분의 능력을 잘 알아야 할 필요가 있다.

우리가 진실로 겸손하게 되는 것은 그리스도께서 거룩한 겸손으

로 우리 안에 거하심으로만 가능하며 그렇게 될 때에 교만을 내어쫓을 수가 있게 된다.

왜냐하면, 우리는 내가 아닌 아담(타인)을 통해 교만을 물려받았기 때문에 겸손도 내가 아닌 예수 그리스도(타인)를 통해 받아야 한다.

즉, 그분이 우리 안에 사심으로 우리도 하나님 아버지 앞에서 겸손하게 살 수 있게 하시는 것이다.

요일 2:6 그의 안에 산다고 하는 자는 그가 행하시는 대로 자기도 행할지니라

우리는 우리 안에 거하시는 겸손하신 그리스도 안에 뿌리를 박고 행하여야 한다.

마 11:29 나는 마음이 온유하고 겸손하니 나의 멍에를 메고 내게 배우라 그리하면 너희 마음이 쉼을 얻으리니

골 2:18-19 18 아무도 꾸며낸 겸손과 천사 숭배를 이유로 너희를 정죄하지 못하게 하라 그가 그 본 것에 의지하여 그 육신의 생각을 따라 헛되이 과장하고 19 머리를 붙들지 아니하는지라 온 몸이 머리로 말미암아 마디와 힘줄로 공급함을 받고 연합하여 하나님이 자라게 하시므로 자라느니라

요 15:5 나는 포도나무요 너희는 가지라 그가 내 안에, 내가 그 안에 거하면 사람이 열매를 많이 맺나니 나를 떠나서는 너희가 아무 것도 할 수 없음이라

4. 예수님의 겸손이 구원의 비밀이며 눈에 보이지 않는 근원

빌 2:5-8 ⁵ 너희 안에 이 마음을 품으라 곧 그리스도 예수의 마음이니 ⁶ 그는 근본 하나님의 본체시나* 하나님과 동등됨을 취할 것으로 여기지 아니하시고 7 오히려 자기를 비워 종의 형체를 가지사 사람들과 같이 되셨고 8 사람의 모양으로 나타나사 자기를 낮추시고 죽기까지 복종하셨으니 곧 십자가에 죽으심이라

요 6:38 내가 하늘에서 내려온 것은 내 뜻을 행하려 함이 아니요 나를 보내신 이의 뜻을 행하려 함이니라

마 20:28 인자가 온 것은 섬김을 받으려 함이 아니라 도리어 섬기려 하고 자기 목숨을 많은 사람의 대속물로 주려 함이니라

요 8:28 이에 예수께서 이르시되 너희가 인자를 든 후에 내가 그인 줄을

---

* 그리스도께서는 인성으로 구현된 하나님의 겸손이시다.

알고 또 내가 스스로 아무 것도 하지 아니하고 오직 아버지께서 가르치신 대로 이런 것을 말하는 줄도 알리라

요 8:42 예수께서 이르시되 하나님이 너희 아버지였으면 너희가 나를 사랑하였으리니 이는 내가 하나님께로부터 나와서 왔음이라 나는 스스로 온 것이 아니요 아버지께서 나를 보내신 것이니라

고후 8:9 우리 주 예수 그리스도의 은혜를 너희가 알거니와 부요하신 이로서 너희를 위하여 가난하게 되심은 그의 가난함으로 말미암아 너희를 부요하게 하려 하심이라

"그의 겸손은 우리의 구원이 되었고, 그의 구원은 우리의 겸손이 되었다".

-앤드류 머레이

구원은 예수님의 겸손과의 연합이며, 예수님의 겸손을 즐거워하는 것이며, 예수님의 겸손에 참여하는 것이다. 그러므로 상실된 겸손이 회복될 때 겸손하신 하나님과 교제가 이루어지는 하나님의 자녀가 된다.

마귀가 뿌린 교만의 세력이 우리 안에서 우리를 강하게 지배한 것 이상으로 그리스도가 우리에게 주신 겸손의 힘은 우리를 강하게 지배할 수 있다는 것을 잘 알아야 한다.

하나님 없이 내가 → 마귀의 지배

하나님께 전적인 의존(겸손) → 성령의 지배

벧전 5:6-9 ⁶ 그러므로 하나님의 능하신 손 아래에서 겸손하라 때가 되면 너희를 높이시리라 ⁷ 너희 염려를 다 주께 맡기라 이는 그가 너희를 돌보심이라 ⁸ 근신하라 깨어라 너희 대적 마귀가 우는 사자 같이 두루 다니며 삼킬 자를 찾나니 ⁹ 너희는 믿음을 굳건하게 하여 그를 대적하라 이는 세상에 있는 너희 형제들도 동일한 고난을 당하는 줄을 앎이라

마귀를 이기는 방법은 겸손히 자신을 하나님께 맡기는 것이다.

고후 8:5 우리가 바라던 것뿐 아니라 그들이 먼저 자신을 주께 드리고 또 하나님의 뜻을 따라 우리에게 주었도다

미 6:8 사람아 주께서 선한 것이 무엇임을 네게 보이셨나니 여호와께서 네게 구하시는 것은 오직 정의를 행하며 인자를 사랑하며 겸손하게 네 하나님과 함께 행하는 것이 아니냐

하나님과 함께 행하는 것이 겸손이다(8절). 하나님과 함께 행하는 자는 생명의 떡이신 예수님을 먹고 그 생명으로 하나님의 뜻을 행하는 자이다. 그렇게 행할 때 내 안에 예수님의 겸손이 이루어진다.

예수님께서 행하신 바와 같이 오직 하나님으로부터 오는 영광만을 구하여 인간의 모든 영광을 포기하는 겸손, 하나님께서 모든 것이 되시고 주님만이 존귀하심을 얻도록 하기 위하여 자신을 완전히 무가치한 것으로 여기는 겸손, 참으로 그런 겸손이 우리가 우리의 가장 큰 기쁨보다 더 추구하는 것이 되고, 어떤 희생을 치르고라도 얻으려 하는 것이 되어야 할 것이다. 예수님의 겸손이 구원의 비밀이며 눈에 보이지 않는 근원이다.

5. 겸손에 대한 바울의 고백과 권면

1) 겸손에 대한 바울의 고백

갈 2:20 내가 그리스도와 함께 십자가에 못 박혔나니 그런즉 이제는 내가 사는 것이 아니요 오직 내 안에 그리스도께서 사시는 것이라 이제 내가 육체 가운데 사는 것은 나를 사랑하사 나를 위하여 자기 자신을 버리신 하나님의 아들을 믿는 믿음 안에서 사는 것이라

롬 6:3 무릇 그리스도 예수와 합하여 세례를 받은 우리는 그의 죽으심과 합하여 세례를 받은 줄을 알지 못하느냐

참된 겸손은 우리가 하나님의 빛에 비추어 우리 자신을 아무것도

아니라고 깨닫고, 하나님께서 모든 것이 되시도록 하기 위하여 자신을 완전히 죽이기로 동의할 때 생기는 것이다.

겸손은 나 자신을 죽이는 것을 의미하는 것이요 또 하나님 앞에서 나 자신을 완전히 없이 하는 것을 의미하는 것이다. 그러나 자신을 완전히 죽이기로 동의하는 것은 자신이 스스로 깨달아서 하는 것이 아니라 깨닫게 하시는 하나님의 은혜로 되는 것이다.

> 시 80:3 하나님이여 우리를 돌이키시고 주의 얼굴빛을 비추사 우리가 구원을 얻게 하소서

하나님께서 빛을 비추어 주실 때에 영혼이 죽은 인간은 스스로 자기를 죽일 수도 없고 살릴 수도 없다는 무능력함을 통절하게 깨닫게 되며 예수님의 십자가에 함께 죽은 나를 보게 된다.

> 영혼이 죽은 인간은 스스로 자기를 죽일 수도 없고 살릴 수도 없다는 무능력함을 통절하게 느껴야 한다.
>
> -앤드류 머레이

우리가 죄에 대하여 죽는다는 것은 우리가 예수님께서 이루신 십자가의 죽음과 부활의 과정을 믿음으로 통과하는 것을 의미한다.

롬 6:11 이와 같이 너희도 너희 자신을 죄에 대하여는 죽은 자요 그리스도 예수 안에서 하나님을 대하여는 산 자로 여길찌어다

갈 6:14 그러나 내게는 우리 주 예수 그리스도의 십자가 외에 결코 자랑할 것이 없으니 그리스도로 말미암아 세상이 나를 대하여 십자가에 못 박히고 내가 또한 세상을 대하여 그러하니라

빌 1:21 이는 내게 사는 것이 그리스도니 죽는 것도 유익함이라

바리새인과 세리

눅 18:11-14 ¹¹ 바리새인은 서서 따로 기도하여 이르되 하나님이여 나는 다른 사람들 곧 토색, 불의, 간음을 하는 자들과 같지 아니하고 이 세리와도 같지 아니함을 감사하나이다 ¹² 나는 이레에 두 번씩 금식하고 또 소득의 십일조를 드리나이다 하고 ¹³ 세리는 멀리 서서 감히 눈을 들어 하늘을 쳐다보지도 못하고 다만 가슴을 치며 이르되 하나님이여 불쌍히 여기소서 나는 죄인이로소이다 하였느니라 ¹⁴ 내가 너희에게 이르노니 이에 저 바리새인이 아니고 이 사람이 의롭다 하심을 받고 그의 집으로 내려갔느니라 무릇 자기를 높이는 자*는 낮아지고 자기를 낮추는 자**는 높아지리라 하시니라

---

* 바리새인

** 세리

"하나님이여 나는 다른 사람과 같지 아니함을 감사하나이다"라고 말하는 바리새인과 같이 우리는 자칫 알지 못하는 사이에 자신이 성취한 것들에 대한 자만감을 갖고 자신이 다른 사람들보다 상당히 앞섰다고 생각하는 은밀한 습관이 자라나고 있는 것을 경계해야 한다(바리새인).

하나님을 떠난 죄인은 예수 그리스도의 십자가 은혜로 죄 사함을 받아야 하는 자임을 깨닫고, "하나님이여 불쌍히 여기소서 나는 죄인이로소이다"라고 고백해야 한다(세리).

사도바울의 고백

고전 15:9 나는 사도 중에 가장 작은 자라 나는 하나님의 교회를 박해하였으므로 사도라 칭함 받기를 감당하지 못할 자니라(A.D. 55년경)

엡 3:8 모든 성도 중에 지극히 작은 자보다 더 작은 나에게 이 은혜를 주신 것은 측량할 수 없는 그리스도의 풍성함을 이방인에게 전하게 하시고(A.D. 62년경)

딤전 1:15 미쁘다 모든 사람이 받을 만한 이 말이여 그리스도 예수께서 죄인을 구원하시려고 세상에 임하셨다 하였도다 죄인 중에 내가 괴수니라(A.D. 63년경)

사도바울은 하나님의 은혜의 경험이 그를 말할 수 없는 기쁨으로 즐겁게 하고 충만케 할수록 자신이 구원받은 죄인이라는 자각이 더욱 분명해졌다.

2) 겸손에 대한 사도바울의 권면

롬 12:16 서로 마음을 같이하며 높은 데 마음을 두지 말고 도리어 낮은 데 처하며 스스로 지혜 있는 체 하지 말라

갈 5:13 형제들아 너희가 자유를 위하여 부르심을 입었으나 그러나 그 자유로 육체의 기회를 삼지 말고 오직 사랑으로 서로 종 노릇 하라

엡 4:2 모든 겸손과 온유로 하고 오래 참음으로 사랑 가운데서 서로 용납하고

골 3:12 그러므로 너희는 하나님이 택하사 거룩하고 사랑 받는 자처럼 긍휼과 자비와 겸손과 온유와 오래 참음을 옷 입고

예수님의 겸손으로 옷 입고 자신을 감출 때만 하나님의 거룩하심 같이 우리도 거룩해질 수 있다.

<u>빌 2:3</u> 아무 일에든지 다툼이나 허영으로 하지 말고 오직 겸손한 마음으로 각각 자기보다 남을 낫게 여기고

지혜와 성결에 있어서, 재능에 있어서 또는 받은 은혜에 있어서 우리보다 훨씬 못하게 느껴지는 사람을 보면서 어떻게 그들을 우리 자신보다 낫게 여길 수 있는가?라는 질문이 우리 안에 있다면 아직 진정한 겸손이 무엇인지 이해하지 못한 것을 나타내는 것이다.

나를 통해 하나님께서 하심을 말하는 사도바울과 베드로

<u>고전 15:10</u> 그러나 내가 나 된 것은 하나님의 은혜로 된 것이니 내게 주신 그의 은혜가 헛되지 아니하여 내가 모든 사도보다 더 많이 수고하였으나 내가 한 것이 아니요 오직 나와 함께 하신 하나님의 은혜로라

<u>행 14:9-15</u> ⁹ 바울이 말하는 것을 듣거늘 바울이 주목하여 구원 받을 만한 믿음이 그에게 있는 것을 보고 ¹⁰ 큰 소리로 이르되 네 발로 바로 일어서라 하니 그 사람이 일어나 걷는지라 ¹¹ 무리가 바울이 한 일을 보고 루가오니아 방언으로 소리 질러 이르되 신들이 사람의 형상으로 우리 가운데 내려오셨다 하여 ¹² 바나바는 제우스라 하고 바울은 그 중에 말하는 자이므로 헤르메스라 하더라 ¹³ 시외 제우스 신당의 제사장이 소와 화환들을 가지고 대문 앞에 와서 무리와 함께 제사하고자 하니 ¹⁴ 두 사도 바나바와 바울이 듣고 옷을 찢고 무리 가운데 뛰어 들어가서 소리 질

러 15 이르되 여러분이여 어찌하여 이러한 일을 하느냐 우리도 여러분과 같은 성정을 가진 사람이라 여러분에게 복음을 전하는 것은 이런 헛된 일을 버리고 천지와 바다와 그 가운데 만물을 지으시고 살아 계신 하나님께로 돌아오게 함이라

행 3:12 베드로가 이것을 보고 백성에게 말하되 이스라엘 사람들아 이 일을 왜 놀랍게 여기느냐 우리 개인의 권능과 경건으로 이 사람을 걷게 한 것처럼 왜 우리를 주목하느냐

좋은 믿음을 가지는 방법에 대해 예수님께 질문하는 제자들

눅 17:5-10 5 사도들이 주께 여짜오되 우리에게 믿음을 더하소서 하니 6 주께서 이르시되 너희에게 겨자씨 한 알만한 믿음이 있었더라면 이 뽕나무더러 뿌리가 뽑혀 바다에 심기어라 하였을 것이요 그것이 너희에게 순종하였으리라 7 너희 중 누구에게 밭을 갈거나 양을 치거나 하는 종이 있어 밭에서 돌아오면 그더러 곧 와 앉아서 먹으라 말할 자가 있느냐 8 도리어 그더러 내 먹을 것을 준비하고 띠를 띠고 내가 먹고 마시는 동안에 수종들고 너는 그 후에 먹고 마시라 하지 않겠느냐 9 명한 대로 하였다고 종에게 감사하겠느냐 10 이와 같이 너희도 명령 받은 것을 다 행한 후에 이르기를 우리는 무익한 종이라 우리가 하여야 할 일을 한 것뿐이라 할지니라

성경에서 말씀하시는 겸손은 세상의 도덕적 예절 중의 하나가 아니다. 겸손한 사람이 되기 위하여 진실하고 성실하게 개인적인 결심이나 노력을 할지라도, 교만이라는 악을 내어 쫓을 수가 없음을 깨달아야 한다.

겸손은 나 자신을 죽이는 것을 의미하는 것이요 또 하나님 앞에서 나 자신을 완전히 없이 하는 것을 의미하는 것이다. 그러나 우리는 스스로 자기(하나님을 떠난 옛 사람)를 죽일 수도 없고 살릴 수도 없는 무능력한 존재인 것을 깨닫고, 믿음으로 우리가 십자가의 죽음과 부활의 과정을 통과하는 것을 의미한다.

우리가 진실로 겸손하게 되는 것은 그리스도께서 거룩한 겸손으로 우리 안에 거하심으로만 가능하며 그렇게 될 때에 교만을 내어쫓을 수가 있게 된다. 왜냐하면 우리는 아담(타인)을 통해 교만을 물려받았기 때문에 겸손도 예수 그리스도(타인)를 통해 받아야 한다. 즉, 그분이 우리 안에 사심으로 우리도 하나님 아버지 앞에서 겸손하게 살 수 있게 하시는 것이다.

예수님의 겸손이 구원의 비밀이요 눈에 보이지 않는 근원이다.

II

용서

골 3:12-13 ¹² 그러므로 너희는 하나님이 택하사 거룩하고 사랑 받는 자처럼 긍휼과 자비와 겸손과 온유와 오래 참음을 옷 입고 ¹³ 누가 누구에게 불만이 있거든 서로 용납하여 피차 용서하되 주께서 너희를 용서하신 것 같이 너희도 그리하고

마 6:9-15 ⁹ 그러므로 너희는 이렇게 기도하라 하늘에 계신 우리 아버지여 이름이 거룩히 여김을 받으시오며 ¹⁰ 나라가 임하시오며 뜻이 하늘에서 이루어진 것 같이 땅에서도 이루어지이다 ¹¹ 오늘 우리에게 일용할 양식을 주시옵고 ¹² 우리가 우리에게 죄 지은 자를 사하여 준 것 같이 우리 죄를 사하여 주시옵고 ¹³ 우리를 시험에 들게 하지 마시옵고 다만 악에서 구하시옵소서 (나라와 권세와 영광이 아버지께 영원히 있사옵나이다 아멘 ¹⁴ 너희가 사람의 잘못을 용서하면 너희 하늘 아버지께서도 너희 잘못을 용서하시려니와 ¹⁵ 너희가 사람의 잘못을 용서하지

아니하면 너희 아버지께서도 너희 잘못을 용서하지 아니하시리라

1. 하나님의 섭리

어떤 상황을 당하든지 하나님께서 허락하신 상황이라고 믿는 믿음을 가질 때, 하나님께서 우리에게 원하시는 용서를 할 수 있는 사람이 된다.

> 골 3:13 누가 누구에게 불만이 있거든 서로 용납하여 피차 용서하되 주께서 너희를 용서하신 것 같이 너희도 그리하고

주께서 우리를 용서하신 것과 같이 용서하려면 먼저 주께서 우리를 어떻게 용서하셨는지 잘 알아야 한다.

> 히 3:1 그러므로 함께 하늘의 부르심을 받은 거룩한 형제들아 우리가 믿는 도리의 사도이시며 대제사장이신 예수를 깊이 생각하라

1) 예수님께서 이 땅에 오신 목적

예수님께서 이 땅에 오신 목적이 있었는데, 그것은 예수님께서 이 땅에 오셔서 우리 죄를 대속하시고 구원하시기 위함이었다.

요 3:16 하나님이 세상을 이처럼 사랑하사 독생자를 주셨으니 이는 그를 믿는 자마다 멸망하지 않고 영생을 얻게 하려 하심이라

사 53:5-6 5 그가 찔림은 우리의 허물 때문이요 그가 상함은 우리의 죄악 때문이라 그가 징계를 받으므로 우리는 평화를 누리고 그가 채찍에 맞으므로 우리는 나음을 받았도다 6 우리는 다 양 같아서 그릇 행하여 각기 제 길로 갔거늘 여호와께서는 우리 모두의 죄악을 그에게 담당시키셨도다

하나님께서 예수님을 이 땅에 보내신 목적을 이루시기 위하여 예수님은 십자가 고난을 받으셔야 했다.

2) 하나님이 허락하신 상황에 순종하심으로 십자가를 지신 예수님

눅 22:42 이르시되 아버지여 만일 아버지의 뜻이거든 이 잔을 내게서 옮기시옵소서 그러나 내 원대로 마시옵고 아버지의 원대로 되기를 원하나이다 하시니

예수님은 십자가 고난을 받지 않기를 원하였지만, 십자가를 지는 것이 예수님이 이 땅에 오신 목적을 이루시기 위한 하나님의 뜻이기에 십자가를 지셨다.

예수님이 십자가를 지시는 것은 우리를 구원하시기 위한 하나님의 섭리였기에 하나님께서 허락하신 상황에 순종하시어 십자가를 지시고 우리를 용서하셨다.

예수님은 십자가에서 죽임을 당할 것을 제자들에게 말씀하셨을 때 절대로 그럴 수 없다고 항변하는 베드로를 책망하셨다.

마 16:21-23 ²¹ 이 때로부터 예수 그리스도께서 자기가 예루살렘에 올라가 장로들과 대제사장들과 서기관들에게 많은 고난을 받고 죽임을 당하고 제삼일에 살아나야 할 것을 제자들에게 비로소 나타내시니 ²² 베드로가 예수를 붙들고 항변하여 이르되 주여 그리 마옵소서 이 일이 결코 주께 미치지 아니하리이다 ²³ 예수께서 돌이키시며 베드로에게 이르시되 사탄아 내 뒤로 물러 가라 너는 나를 넘어지게 하는 자로다 네가 하나님의 일을 생각하지 아니하고 도리어 사람의 일을 생각하는도다 하시고

십자가의 고난을 받는 것이 죄인을 구원하시기 위하여 이 땅에 보내신 목적을 이루기 위한 하나님께서 원하시는 하나님의 섭리로 받아들인 예수님은 자기를 십자가에 못 박는 자들에게 원망하거나 분노하지 않으셨다.

사 53:6-7 ⁶ 우리는 다 양 같아서 그릇 행하여 각기 제 길로 갔거늘 여호와께서는 우리 모두의 죄악을 그에게 담당시키셨도다 ⁷ 그가 곤욕을 당하여 괴로울 때에도 그의 입을 열지 아니하였음이여 마치 도수장으로 끌려 가는 어린 양과 털 깎는 자 앞에서 잠잠한 양 같이 그의 입을 열지 아니하였도다

예수님은 자기를 채찍질하고 희롱하며 십자가에 못 박은 자들을 위하여 이렇게 기도하셨다.

눅 23:34 이에 예수께서 이르시되 아버지 저들을 사하여 주옵소서 자기들이 하는 것을 알지 못함이니이다 하시더라 그들이 그의 옷을 나눠 제비 뽑을새

3) 하나님의 섭리로 인정하는 요셉

용서를 말할 때 우리는 창세기에 나오는 요셉을 이야기한다.

창 37:28 그 때에 미디안 사람 상인들이 지나가고 있는지라 형들이 요셉을 구덩이에서 끌어올리고 은 이십에 그를 이스마엘 사람들에게 팔매 그 상인들이 요셉을 데리고 애굽으로 갔더라

요셉을 미워했던 형들은 요셉을 죽이려 하다가 결국 은 이십에 이스마엘 사람들에게 팔았다. 예수님도 동족인 유대 민족에게 거부를 당하며 제자 가룟 유다에게 은 삼십에 팔렸다.

마 26:14-15 ¹⁴ 그 때에 열둘 중의 하나인 가룟 유다라 하는 자가 대제사장들에게 가서 말하되 ¹⁵ 내가 예수를 너희에게 넘겨 주리니 얼마나 주려느냐 하니 그들이 은 삼십*을 달아 주거늘

이런 의미에서도 요셉은 예수님의 그림자였다. 요셉이 형들을 용서하는 모습에서 예수님께서 우리를 용서하는 모습을 볼 수 있다.

창 45:5-8 ⁵ 당신들이 나를 이 곳에 팔았다고 해서 근심하지 마소서 한탄하지 마소서 하나님이 생명을 구원하시려고 나를 당신들보다 먼저 보내셨나이다 ⁶ 이 땅에 이 년 동안 흉년이 들었으나 아직 오 년은 밭갈이도 못하고 추수도 못할지라 ⁷ 하나님이 큰 구원으로 당신들의 생명을 보존하고 당신들의 후손을 세상에 두시려고 나를 당신들보다 먼저 보내셨나니 ⁸ 그런즉 나를 이리로 보낸 이는 당신들이 아니요 하나님이시라 하나님이 나를 바로에게 아버지로 삼으시고 그 온 집의 주로 삼으시며 애굽 온 땅의 통치자로 삼으셨나이다

~~~~~~~~~~

* 노예 한 사람의 몸값

예수님께서 이 땅에 오신 목적이 십자가에서 우리 죄를 대속하시고 구원하시기 위함이었듯이, 하나님께서 요셉을 애굽에 보내신 목적이 있었다. 그것은 요셉을 애굽의 총리가 되게 하셔서 형님들을 구원하고 형님들과 형님들의 자손들이 살아남도록 하기 위함이었다(7-8절).

요셉을 노예로 판 것은 형들이었지만(5절), 요셉은 자신이 애굽으로 팔려가게 된 일이 하나님께서 자신을 향한 목적을 이루기 위하여 허락하신 하나님의 섭리라고 말하고 있다.

그런즉 나를 이리로 보낸 이는 당신들이 아니요 하나님이시라 … (8절)

자신을 노예로 애굽에 보낸 이는 형들이 아니라, 하나님이라고 말한다.

"하나님이 큰 구원으로 당신들의 생명을 보존하고 당신들의 후손을 세상에 두시려고 나를 당신들보다 먼저 보내셨나니"(7절)

나를 노예로 애굽에 보낸 이가 형들이 아니기 때문에 형들에게 원망하거나 화를 내야 할 일이 아니라는 것이다.

예수님을 십자가에 못 박은 것은 로마 군인들이었다. 그러나 예수님이 골고다 언덕에서 십자가에 못 박히신 것은 하나님께서 죄인을 구원하시려는 목적을 이루기 위하여 허락하신 그분의 섭리이다. 예수님께서 자신을 십자가에 못 박은 자들에게 분노하지 않으셨던 것처럼, 요셉도 형들을 원망하지 않았다.

요셉을 노예로 팔아넘긴 것은 형들이었지만, 애굽으로 팔려가게 된 일이 요셉을 향한 목적을 이루기 위하여 하나님께서 허락하신 섭리라고 생각하여 형들을 원망하지 않았다.

우리는 형들을 용서하는 요셉의 모습에서 주께서 우리를 용서하시는 모습을 볼 수 있다.

우리는 때로 억울한 일이나 고난을 당할 수 있다.

이런 일들을 당할 때, 요셉과 같이 하나님께서 나를 이 땅에 보내신 목적을 이루기 위한 하나님의 섭리로 받아들인다면 자기를 억울하게 만들고 고통을 준 상대를 원망하지 않고 주께서 우리를 용서하신 것처럼 용서할 수 있다.

내가 다른 사람을 용서한다는 것은 하나님이 허락하지 않으면 일어날 수 없기 때문에 그 일조차도 하나님의 섭리로 인정해 드리는 것이다.

창세기 37장

형들이 동생 요셉을 죽이려 하다가 은 이십에 이스마엘 사람들에게 넘긴다. 상인들이 요셉을 데리고 애굽으로 가서 바로의 신하 친위대장 보디발에게 팔아 노예생활을 하게 되며,

창세기 39장

친위대장 보디발의 아내가 요셉에게 동침을 청하였으나 요셉은 거절한다. 이에 보디발의 아내는 요셉이 자기를 희롱했다고 거짓으로 누명을 씌우고 요셉은 감옥에 가게 된다.

그러나 요셉은 애굽에 팔려 노예 생활을 한 것과 억울하게 간음이라는 누명을 쓰고 감옥 생활을 한 것에 대하여 화를 내거나 원망하거나 불평하지 않았다. 그가 모든 것을 하나님이 허락하신 섭리로 받아들였기 때문이었다.

마 10:29 참새 두 마리가 한 앗사리온에 팔리지 않느냐 그러나 너희 아버지께서 허락하지 아니하시면 그 하나도 땅에 떨어지지 아니하리라

믿음의 사람은 일어난 일 속에서 '하나님의 섭리'를 본다.

어떤 상황이든지 하나님께서 주신 상황이라고 믿으며, 하나님께서 허락하지 않으신 일은 일어나지 않는다는 믿음을 가져야 한다.

믿음은 말씀에 순종하는 것이며, 동시에 모든 상황에 순종하는 것이다.

요셉이 꾼 꿈을 형들에게 이야기하였다.

창 37:7 우리가 밭에서 곡식 단을 묶더니 내 단은 일어서고 당신들의 단은 내 단을 둘러서서 절하더이다

창 37:9 요셉이 다시 꿈을 꾸고 그의 형들에게 말하여 이르되 내가 또 꿈을 꾼즉 해와 달과 열한 별이 내게 절하더이다 하니라

요셉의 꿈 이야기를 들은 형들은 요셉을 미워하였고, 죽이려하다가 결국 노예로 팔았다. 노예로 팔려 갈 때 요셉이 꾼 꿈이 이루어 질 수 없을 것 같았지만, 그 일을 통해서 꿈이 이루어졌다. 요셉에게는 자신이 당하는 억울한 일들조차도 하나님께서 자신을 향하신 목적을 이루는 데 선용하신다는 믿음이 있었다.

창 50:20-21 20 당신들은 나를 해하려 하였으나 하나님은 그것을 선으로

바꾸사 오늘과 같이 많은 백성의 생명을 구원하게 하시려 하셨나니 ²¹ 당신들은 두려워하지 마소서 내가 당신들과 당신들의 자녀를 기르리이다 하고 그들을 간곡한 말로 위로하였더라

출애굽 한 이스라엘 백성들의 원망과 불평

출애굽 한 이스라엘 백성들은 하나님께서 허락하신 배고픔과 목마른 상황에 순종하지 못하고 원망과 불평을 하였다.

출 16:2-8 ² 이스라엘 자손 온 회중이 그 광야에서 모세와 아론을 원망하여 ³ 이스라엘 자손이 그들에게 이르되 우리가 애굽 땅에서 고기 가마 곁에 앉아 있던 때와 떡을 배불리 먹던 때에 여호와의 손에 죽었더라면 좋았을 것을 너희가 이 광야로 우리를 인도해 내어 이 온 회중이 주려 죽게 하는도다 ⁴ 그 때에 여호와께서 모세에게 이르시되 보라 내가 너희를 위하여 하늘에서 양식을 비 같이 내리리니 백성이 나가서 일용할 것을 날마다 거둘 것이라 이같이 하여 그들이 내 율법을 준행하나 아니하나 내가 시험하리라 ⁵ 여섯째 날에는 그들이 그 거둔 것을 준비할지니 날마다 거두던 것의 갑절이 되리라 ⁶ 모세와 아론이 온 이스라엘 자손에게 이르되 저녁이 되면 너희가 여호와께서 너희를 애굽 땅에서 인도하여 내셨음을 알 것이요 ⁷ 아침에는 너희가 여호와의 영광을 보리니 이는 여호와께서 너희가 자기를 향하여 원망함을 들으셨음이라 우리가 누구이기에 너희가 우리에게 대하여 원망하느냐 ⁸ 모세가 또 이르되

여호와께서 저녁에는 너희에게 고기를 주어 먹이시고 아침에는 떡으로 배불리시리니 이는 여호와께서 자기를 향하여 너희가 원망하는 그 말을 들으셨음이라 우리가 누구냐 너희의 원망은 우리를 향하여 함이 아니요 여호와를 향하여 함이로다

우리가 남을 원망하는 것은 결국 그 상황을 허락하신 하나님을 원망하는 것이다.

골 3:12-13 12 그러므로 너희는 하나님이 택하사 거룩하고 사랑 받는 자처럼 긍휼과 자비와 겸손과 온유와 오래 참음을 옷 입고 13 누가 누구에게 불만이 있거든 서로 용납하여 피차 용서하되 주께서 너희를 용서하신 것 같이 너희도 그리하고

주께서 너희를 용서하신 것 같이 너희도 그리하고

예수님은 십자가를 지는 것이 하나님께서 허락하신 상황이기에 자기를 십자가에 못 박는 자들을 원망하거나 분노하지 않으시고, 순종하여 십자가를 지시고 우리를 용서하셨다. 우리도 하나님이 허락하신 상황에 순종하는 믿음으로 상대의 잘못에 대하여 원망하거나 분노하지 않아야 한다.

우리가 어떤 사람으로 인해 상처를 입었을 때 상처를 입힌 사람은 하나님 앞에서 죄를 지은 것이지만 그 일은 주님께서 허락한 것이

고, 허락하심은 분명 우리의 유익을 위한 것이다.

우리는 자신이 원하는 계획대로 일이 잘 되면 은혜, 평강, 샬롬을 이야기하며 내 생각대로 되지 않을 때 원망, 불만, 탄식을 할 때가 많다.

우리의 마음에 평강이 깨지고 괴로움이 있는 이유는 내 생각과 내 계산이 하나님의 생각과 맞지 않기 때문이다. 그러나 새 생명을 얻은 사람은 내 앞에 어떤 상황이 오든지 나에게 더 좋은 상황으로 인도하시는 하나님을 믿는다.

2. 죄(罪)를 다루는 권한

사람들은 대개 상대의 잘못에 대하여 용서하거나 용서하지 않는 권한이 자기 자신에게 있다고 생각하여 본인의 결정으로 용서할 수도 있고 하지 않을 수도 있다고 생각한다. 그래서 사람들은 경우에 따라 "너그러운 마음으로 양보해라, 용서하라"고 권면하기도 한다. 그러나 하나님께서 우리에게 명하시는 용서는 그러한 용서가 아님을 말씀을 통하여 알 수 있다.

우리는 성경에서 말씀하시는 용서를 올바로 깨닫고 하나님께서 우리에게 향하시는 진정한 용서의 삶을 살아야 한다.

1) 베드로와 요셉

베드로

마 18:21-22 ²¹ 그 때에 베드로가 나아와 이르되 주여 형제가 내게 죄를 범하면 몇 번이나 용서하여 주리이까 일곱 번까지 하오리이까 ²² 예수 께서 이르시되 네게 이르노니 일곱 번뿐 아니라 일곱 번을 일흔 번까지 라도 할지니라

베드로는 상대의 죄를 내가 용서한다는 생각으로 예수님께 말씀 드린다. 그러나 예수님은 용서는 네가 하는 것이 아니라는 것을 22 절 말씀으로 대답해 주신다.

요셉

창 50:17-21 ¹⁷ 너희는 이같이 요셉에게 이르라 네 형들이 네게 악을 행하 였을지라도 이제 바라건대 그들의 허물과 죄를 용서하라 하셨나니 당 신 아버지의 하나님의 종들인 우리 죄를 이제 용서하소서 하매 요셉이 그들이 그에게 하는 말을 들을 때에 울었더라 ¹⁸ 그의 형들이 또 친히 와 서 요셉의 앞에 엎드려 이르되 우리는 당신의 종들이니이다 ¹⁹ 요셉이 그들에게 이르되 두려워하지 마소서 내가 하나님을 대신하리이까 ²⁰ 당 신들은 나를 해하려 하였으나 하나님은 그것을 선으로 바꾸사 오늘과 같이 많은 백성의 생명을 구원하게 하시려 하셨나니 ²¹ 당신들은 두려

워하지 마소서 내가 당신들과 당신들의 자녀를 기르리이다 하고 그들을 간곡한 말로 위로하였더라

요셉은 자기를 애굽에 판 형들의 죄에 대해 내가 하나님을 대신할 수 없다고 말하고 있다(19절). 상대의 잘못을 용서하는 권한이 나에게 있는 것이 아니고 하나님께 있음을 알 때, 하나님께서 우리에게 원하시는 용서를 할 수 있는 사람이 된다. 베드로의 문제는 일곱 번이라는 용서의 횟수에 문제가 있는 것이 아니라 용서의 권한이 '나'에게 있다고 생각한 것이 문제였다(마 18:21-22).

사람들은 대개 상대의 잘못에 대하여 용서하거나 용서하지 않는 권한이 자기 자신에게 있다고 생각하는데 이것은 세상 도덕에서 말하는 용서이다.

골 2:8 누가 철학과 헛된 속임수로 너희를 사로잡을까 주의하라 이것은 사람의 전통과 세상의 초등학문을 따름이요 그리스도를 따름이 아니니라

골 2:20 너희가 세상의 초등학문에서 그리스도와 함께 죽었거든 어찌하여 세상에 사는 것과 같이 규례에 순종하느냐

롬 10:2-3 [2] 내가 증언하노니 그들이 하나님께 열심이 있으나 올바른 지식을 따른 것이 아니니라 [3] 하나님의 의를 모르고 자기 의를 세우려고 힘써 하나님의 의에 복종하지 아니하였느니라

2) 용서의 권한

갈 2:20 내가 그리스도와 함께 십자가에 못 박혔나니 그런즉 이제는 내가 사는 것이 아니요 오직 내 안에 그리스도께서 사시는 것이라 이제 내가 육체 가운데 사는 것은 나를 사랑하사 나를 위하여 자기 자신을 버리신 하나님의 아들을 믿는 믿음 안에서 사는 것이라

그리스도께서 십자가에서 죽으심으로 구원을 받게 된 우리에게는 용서의 권한이 주님께 있다. 이제 나의 주인이신 그리스도께서 내 안에 사시기 때문이다.

골 1:14 그 아들 안에서 우리가 속량 곧 죄 사함을 얻었도다

고전 6:19-20 [19] 너희 몸은 너희가 하나님께로부터 받은 바 너희 가운데 계신 성령의 전인 줄을 알지 못하느냐 너희는 너희 자신의 것이 아니라 [20] 값으로 산 것이 되었으니 그런즉 너희 몸으로 하나님께 영광을 돌리라

사 43:1 야곱아 너를 창조하신 여호와께서 지금 말씀하시느니라 이스라엘아 너를 지으신 이가 말씀하시느니라 너는 두려워하지 말라 내가 너를 구속하였고 내가 너를 지명하여 불렀나니 너는 내 것이라

벧전 2:9 그러나 너희는 택하신 족속이요 왕 같은 제사장들이요 거룩한 나라요 그의 소유가 된 백성이니 이는 너희를 어두운 데서 불러 내어 그의 기이한 빛에 들어가게 하신 이의 아름다운 덕을 선포하게 하려 하심이라

롬 14:8 우리가 살아도 주를 위하여 살고 죽어도 주를 위하여 죽나니 그러므로 사나 죽으나 우리가 주의 것이로다

고후 5:15 그가 모든 사람을 대신하여 죽으심은 살아 있는 자들로 하여금 다시는 그들 자신을 위하여 살지 않고 오직 그들을 대신하여 죽었다가 다시 살아나신 이를 위하여 살게 하려 함이라

우리는 주의 것이기에, 상대의 잘못에 대하여 용서하거나 용서하지 않는 것이 나의 권리가 아니고 하나님께 있음을 알 때에 비로소 바른 용서를 할 수 있다.

롬 12:19 내 사랑하는 자들아 너희가 친히 원수를 갚지 말고 하나님의 진

노하심에 맡기라 기록되었으되 원수 갚는 것이 내게 있으니 내가 갚으리라고 주께서 말씀하시니라

눅 6:37 비판하지 말라 그리하면 너희가 비판을 받지 않을 것이요 정죄하지 말라 그리하면 너희가 정죄를 받지 않을 것이요 용서하라 그리하면 너희가 용서를 받을 것이요

시 37:1-11 1 악을 행하는 자들 때문에 불평하지 말며 불의를 행하는 자들을 시기하지 말지어다 2 그들은 풀과 같이 속히 베임을 당할 것이며 푸른 채소 같이 쇠잔할 것임이로다 3 여호와를 의뢰하고 선을 행하라 땅에 머무는 동안 그의 성실을 먹을 거리로 삼을지어다 4 또 여호와를 기뻐하라 그가 네 마음의 소원을 네게 이루어 주시리로다 5 네 길을 여호와께 맡기라 그를 의지하면 그가 이루시고 6 네 의를 빛 같이 나타내시며 네 공의를 정오의 빛 같이 하시리로다 7 여호와 앞에 잠잠하고 참고 기다리라 자기 길이 형통하며 악한 꾀를 이루는 자 때문에 불평하지 말지어다 8 분을 그치고 노를 버리며 불평하지 말라 오히려 악을 만들 뿐이라 9 진실로 악을 행하는 자들은 끊어질 것이나 여호와를 소망하는 자들은 땅을 차지하리로다 10 잠시 후에는 악인이 없어지리니 네가 그 곳을 자세히 살필지라도 없으리로다 11 그러나 온유한 자들은 땅을 차지하며 풍성한 화평으로 즐거워하리로다

3. 주께서 우리를 용서하신 것 같이 용서하는 자가 되려면 예수 그리스도로 옷 입어야 한다

골 3:12-13 ¹² 그러므로 너희는 하나님이 택하사 거룩하고 사랑 받는 자처럼 긍휼과 자비와 겸손과 온유와 오래 참음을 옷 입고* ¹³ 누가 누구에게 불만이 있거든 서로 용납하여 피차 용서하되 주께서 너희를 용서하신 것 같이 너희도 그리하고

롬 13:14 오직 주 예수 그리스도로 옷 입고 정욕을 위하여 육신의 일을 도모하지 말라

갈 5:22-23 ²² 오직 성령의 열매는 사랑과 희락과 화평과 오래 참음과 자비와 양선과 충성과 ²³ 온유와 절제니 이같은 것을 금지할 법이 없느니라

엡 3:14-21 ¹⁴ 이러므로 내가 하늘과 땅에 있는 각 족속에게 ¹⁵ 이름을 주신 아버지 앞에 무릎을 꿇고 비노니** ¹⁶ 그의 영광의 풍성함을 따라 그의 성령으로 말미암아 너희 속사람을 능력으로 강건하게 하시오며 ¹⁷ 믿음으로 말미암아 그리스도께서 너희 마음에 계시게 하시옵고 너희

---

* "예수 그리스도로 옷 입고"(롬 13:14), "성령을 옷 입고"(갈 5:22)
** 주께서 우리를 용서하신 것과 같이 용서하려면, 성령의 능력을 구하는 기도를 해야 한다.

가 사랑 가운데서 뿌리가 박히고 터가 굳어져서 ¹⁸ 능히 모든 성도와 함께 지식에 넘치는 그리스도의 사랑을 알고 ¹⁹ 그 너비와 길이와 높이와 깊이가 어떠함을 깨달아 하나님의 모든 충만하신 것으로 너희에게 충만하게 하시기를 구하노라 ²⁰ 우리 가운데서 역사하시는 능력대로 우리가 구하거나 생각하는 모든 것에 더 넘치도록 능히 하실 이에게 ²¹ 교회 안에서와 그리스도 예수 안에서 영광이 대대로 영원무궁하기를 원하노라 아멘

눅 22:42-44 ⁴² 이르시되 아버지여 만일 아버지의 뜻이거든 이 잔을 내게서 옮기시옵소서 그러나 내 원대로 마시옵고 아버지의 원대로 되기를 원하나이다 하시니 ⁴³ 천사가 하늘로부터 예수께 나타나 힘을 더하더라 ⁴⁴ 예수께서 힘쓰고 애써 더욱 간절히 기도하시니 땀이 땅에 떨어지는 핏방울 같이 되더라

"내 원대로 마시옵고 아버지의 원대로 되기를 원하나이다"라고 하신 예수님은 아버지께서 허락하신 상황에 순종하시기 위해서 땀이 땅에 떨어지는 핏방울같이 되도록 간절히 기도하셨다. 우리도 예수님을 본받아 하나님의 뜻대로 순종하기 위하여 더욱 간절히 기도해야 한다.

이렇게 기도할 때 천사가 땀이 핏방울이 되도록 기도하셨던 예수께 나타나 힘을 더했던 것처럼 우리를 도울 것이다.

4. 주께서 우리를 용서하신 것 같이 용서하는 자는

<u>마 5:44</u> 나는 너희에게 이르노니 너희 원수를 사랑하며 너희를 박해하는 자를 위하여 기도하라

<u>창 50:16-17</u> 16 요셉에게 말을 전하여 이르되 당신의 아버지가 돌아가시기 전에 명령하여 이르시기를 17 너희는 이같이 요셉에게 이르라 네 형들이 네게 악을 행하였을지라도 이제 바라건대 그들의 허물과 죄를 용서하라 하셨나니 당신 아버지의 하나님의 종들인 우리 죄를 이제 용서하소서 하매 요셉이 그들이 그에게 하는 말을 들을 때에 울었더라

용서하는 요셉의 마음에는 눈물(水)이 있었다. 용서가 안 되면 마음에 분노(火)가 일어난다. 주께서 우리를 용서하신 것 같이 용서하는 사람 요셉은 마음이 촉촉하게 젖은 사람이었다.

<u>창 50:21</u> 당신들은 두려워하지 마소서 내가 당신들과 당신들의 자녀를 기르리이다 하고 그들을 간곡한 말로 위로하였더라

<u>엡 4:31-32</u> 31 너희는 모든 악독과 노함과 분냄과 떠드는 것과 비방하는 것을 모든 악의와 함께 버리고 32 서로 친절하게 하며 불쌍히 여기며 서로 용서하기를 하나님이 그리스도 안에서 너희를 용서하심과 같이 하라

주께서 우리를 용서하신 것과 같이 용서하는 자가 되려면

1) 모든 상황을 하나님께서 허락하신 섭리로 받아들이고 화를 내거나 원
   망하거나 불평하지 않고 상황에 순종하여야 한다.
2) 용서의 권한이 내가 아니요, 나의 주인이신 예수님이심을 알아야 한다.
3) 예수 그리스도로 옷 입고 간절히 성령의 능력을 구하는 기도를 해야
   한다.

III

사랑

1. 하나님을 사랑하는 자

1) 하나님께서 우리를 구원하신 목적

하나님께서 우리를 구원하신 것은 사랑이신 하나님의 형상을 회복하여 우리도 하나님과 같이 서로 사랑하라고 하심에 있다.

창 1:27 하나님이 자기 형상 곧 하나님의 형상대로 사람을 창조하시되 남자와 여자를 창조하시고

요일 4:16 하나님이 우리를 사랑하시는 사랑을 우리가 알고 믿었노니 하나님은 사랑이시라 사랑 안에 거하는 자는 하나님 안에 거하고 하나님도 그의 안에 거하시느니라

요 13:34 새 계명을 너희에게 주노니 서로 사랑하라 내가 너희를 사랑한 것 같이 너희도 서로 사랑하라

요일 5:2 우리가 하나님을 사랑하고 그의 계명들을 지킬 때에 이로써 우리가 하나님의 자녀를 사랑하는 줄을 아느니라

2) 사랑은

고전 13:4-7 ⁴ 사랑은* 오래 참고 사랑은 온유하며 시기하지 아니하며 사랑은 자랑하지 아니하며 교만하지 아니하며 ⁵ 무례히 행하지 아니하며 자기의 유익을 구하지 아니하며 성내지 아니하며 악한 것을 생각하지 아니하며 ⁶ 불의를 기뻐하지 아니하며 진리와 함께 기뻐하고 ⁷ 모든 것을 참으며 모든 것을 믿으며 모든 것을 바라며 모든 것을 견디느니라

하나님을 사랑하는 자에게 주시는 성령으로 살아 하나님의 사랑 안에 거하여 그 하나님의 사랑으로 사는 사람은 하나님을 사랑하는 자에게 주시는 성령 안에서 하나님의 사랑으로 살기 때문에 4~7절 이 말씀대로 사는 것이 가능하다.

---

* 사랑은 → 하나님을 사랑함은 → 하나님을 사랑하는 사람은

요일 4:16 하나님이 우리를 사랑하시는 사랑을 우리가 알고 믿었노니 하나님은 사랑이시라 사랑 안에 거하는 자는 하나님 안에 거하고 하나님도 그의 안에 거하시느니라

요 17:26 내가 아버지의 이름을 그들에게 알게 하였고 또 알게 하리니 이는 나를 사랑하신 사랑이 그들 안에 있고 나도 그들 안에 있게 하려 함이니이다

요 15:9-12 9 아버지께서 나를 사랑하신 것 같이 나도 너희를 사랑하였으니 나의 사랑 안에 거하라 10 내가 아버지의 계명을 지켜 그의 사랑 안에 거하는 것 같이 너희도 내 계명을 지키면 내 사랑 안에 거하리라 11 내가 이것을 너희에게 이름은 내 기쁨이 너희 안에 있어 너희 기쁨을 충만하게 하려 함이라 12 내 계명은 곧 내가 너희를 사랑한 것 같이 너희도 서로 사랑하라 하는 이것이니라

내가(예수님) 아버지의 계명을 지킴으로, 아버지께서 나를 사랑하셔서 그의 사랑에 거하여 그 사랑으로 너희를 사랑한 것같이, 너희도 내 계명을 지켜, 내 사랑 안에 거하여 그 사랑으로 서로 사랑하라는 뜻.

요 14:20-21 20 그 날에는 내가 아버지 안에, 너희가 내 안에, 내가 너희 안

에 있는 것을 너희가 알리라 ²¹ 나의 계명을 지키는 자라야 나를 사랑하는 자니 나를 사랑하는 자는 내 아버지께 사랑을 받을 것이요 나도 그를 사랑하여 그에게 나를 나타내리라

요일 3:24 그의 계명을 지키는 자는 주 안에 거하고 주는 그의 안에 거하시나니 우리에게 주신 성령으로 말미암아 그가 우리 안에 거하시는 줄을 우리가 아느니라

롬 5:5 소망이 우리를 부끄럽게 하지 아니함은 우리에게 주신 성령으로 말미암아 하나님의 사랑이 우리 마음에 부은 바 됨이니

롬 15:30 형제들아 내가 우리 주 예수 그리스도와 성령의 사랑으로 말미암아 너희를 권하노니 너희 기도에 나와 힘을 같이하여 나를 위하여 하나님께 빌어

사랑한다는 것은 하나님의 사랑이 나를 통하여 상대에게 흘러나가는 것이다.

딤후 1:14 우리 안에 거하시는 성령으로 말미암아 네게 부탁한 아름다운 것을 지키라

살후 2:13 주께서 사랑하시는 형제들아 우리가 항상 너희에 관하여 마땅히 하나님께 감사할 것은 하나님이 처음부터 너희를 택하사 성령의 거룩하게 하심과 진리를 믿음으로 구원을 받게 하심이니

2. 사랑이 없으면

고전 13:1-3 ¹ 내가 사람의 방언과 천사의 말을 할지라도 사랑이 없으면* 소리 나는 구리와 울리는 꽹과리가 되고** ² 내가 예언하는 능력이 있어 모든 비밀과 모든 지식을 알고 또 산을 옮길 만한 모든 믿음이 있을지라도 사랑이 없으면 내가 아무 것도 아니요 ³ 내가 내게 있는 모든 것으로 구제하고 또 내 몸을 불사르게 내줄지라도 사랑이 없으면 내게 아무 유익이 없느니라

자기 사랑과 세상 사랑으로 자기 성취를 위한 것으로 마음이 가득할 때 성령이 아닌 마귀로 열려 기도할 수도 있다.

---

* 하나님을 사랑하는 자에게 주시는 성령으로 살아 하나님의 사랑 안에 거하여 그 하나님의 사랑으로 살지 못하는 사람은 1-3절 말씀과 같이 아무 유익이 없는 삶을 살게 된다.

** 영의 언어로 하나님께 기도한다고 하여도 하나님을 사랑함이 동기가 된 기도가 아니면, 자기 사랑과 세상 사랑으로 자기가 원하는 것이 동기가 되어 기도하는 것이면, 오히려 해로운 소음(꽹과리: 비인격적인 기구)이 된다. 은사는 사랑 안에서 이루어져야 한다.

행 8:5-20 ⁵ 빌립이 사마리아 성에 내려가 그리스도를 백성에게 전파하니 ⁶ 무리가 빌립의 말도 듣고 행하는 표적도 보고 한마음으로 그가 하는 말을 따르더라 ⁷ 많은 사람에게 붙었던 더러운 귀신들이 크게 소리를 지르며 나가고 또 많은 중풍병자와 못 걷는 사람이 나으니 ⁸ 그 성에 큰 기쁨이 있더라 ⁹ 그 성에 시몬이라 하는 사람이 전부터 있어 마술을 행하여 사마리아 백성을 놀라게 하며 자칭 큰 자라 하니 ¹⁰ 낮은 사람부터 높은 사람까지 다 따르며 이르되 이 사람은 크다 일컫는 하나님의 능력이라 하더라 ¹¹ 오랫동안 그 마술에 놀랐으므로 그들이 따르더니 ¹² 빌립이 하나님 나라와 및 예수 그리스도의 이름에 관하여 전도함을 그들이 믿고 남녀가 다 세례를 받으니 ¹³ 시몬도 믿고 세례를 받은 후에 전심으로 빌립을 따라다니며 그 나타나는 표적과 큰 능력을 보고 놀라니라 ¹⁴ 예루살렘에 있는 사도들이 사마리아도 하나님의 말씀을 받았다 함을 듣고 베드로와 요한을 보내매 ¹⁵ 그들이 내려가서 그들을 위하여 성령 받기를 기도하니 ¹⁶ 이는 아직 한 사람에게도 성령 내리신 일이 없고 오직 주 예수의 이름으로 세례만 받을 뿐이더라 ¹⁷ 이에 두 사도가 그들에게 안수하매 성령을 받는지라 ¹⁸ 시몬이 사도들의 안수로 성령 받는 것을 보고 돈을 드려 ¹⁹ 이르되 이 권능을 내게도 주어 누구든지 내가 안수하는 사람은 성령을 받게 하여 주소서 하니 ²⁰ 베드로가 이르되 네가 하나님의 선물을 돈 주고 살 줄로 생각하였으니 네 은과 네가 함께 망할지어다 내가 예언하는 능력이 있어 모든 비밀과 모든 지식을 알고 또 산을 옮길 만한 모든 믿음이 있을지라도 사랑이 없으면 내가 아무 것도 아니요(2절).

산을 옮길 만한 모든 믿음이 있어 하나님으로부터 부어지는 은사로 병 고침 등 많은 일 들이 일어날 수 있다. 하나님으로부터 부어지는 은사로 사용되고 있을지라도, 하나님을 사랑함이 동기가 아니고 하나님의 영광과 하나님을 높이기 위함이 아니면 아무것도 아니다.

마 7:21-23 ²¹ 나더러 주여 주여 하는 자마다 다 천국에 들어갈 것이 아니요 다만 하늘에 계신 내 아버지의 뜻대로 행하는 자라야 들어가리라 ²² 그 날에 많은 사람이 나더러 이르되 주여 주여 우리가 주의 이름으로 선지자 노릇 하며 주의 이름으로 귀신을 쫓아 내며 주의 이름으로 많은 권능을 행하지 아니하였나이까 하리니 ²³ 그 때에 내가 그들에게 밝히 말하되 내가 너희를 도무지 알지 못하니 불법을 행하는 자들아 내게서 떠나가라 하리라

내가 내게 있는 모든 것으로 구제하고 또 내 몸을 불사르게 내줄지라도 사랑이 없으면 내게 아무 유익이 없느니라(3절).

나의 모든 것으로 구제하고 내 가족이나 조국을 위하여 몸을 내어

줄지라도 하나님을 사랑함이 아닐 때는, 그것은 결국 내가 다른 사람들에게 도움이 되는 사람이라는 의식이며 결국 자기 의를 위함이 된다.

> 마 6:3-4 ³ 너는 구제할 때에 오른손이 하는 것을 왼손이 모르게 하여 ⁴ 네 구제함을 은밀하게 하라 은밀한 중에 보시는 너의 아버지께서 갚으시리라

> 벧전 4:11 만일 누가 말하려면 하나님의 말씀을 하는 것 같이 하고 누가 봉사하려면 하나님이 공급하시는 힘으로 하는 것 같이 하라 이는 범사에 예수 그리스도로 말미암아 하나님이 영광을 받으시게 하려 함이니 그에게 영광과 권능이 세세에 무궁하도록 있느니라 아멘

> … 소리 나는 구리와 울리는 꽹과리가 되고(1절)
> … 내가 아무것도 아니요(2절)
> … 내게 아무 유익이 없느니라(3절)

하나님을 사랑함이 동기가 된 기도가 아니고 하나님의 영광과 하나님을 높이기 위함이 아니면, 자기 사랑과 세상 사랑으로 자기가 원하는 것이 동기가 되어 기도하는 것이면, 성령으로 행함이 아니고 내가 무언가 의롭다는 생각으로 행하는 것이면 구원과 관계없다.

요 13:34 새 계명을 너희에게 주노니 서로 사랑하라 내가 너희를 사랑한 것 같이 너희도 서로 사랑하라

예수님께서 "내가 너희를 사랑한 것 같이 너희도 서로 사랑하라"고 하심은, 하나님을 사랑하는 자에게 주시는 성령(롬 5:5)으로 살아 성령의 사랑(롬 15:30)으로 서로 사랑하라고 하시는 말씀이다.

롬 5:5 소망이 우리를 부끄럽게 하지 아니함은 우리에게 주신 성령으로 말미암아 하나님의 사랑이 우리 마음에 부은 바 됨이니

롬 15:30 형제들아 내가 우리 주 예수 그리스도와 성령의 사랑으로 말미암아 너희를 권하노니 너희 기도에 나와 힘을 같이하여 나를 위하여 하나님께 빌어

사랑한다는 것은 하나님의 사랑이 나를 통하여 상대에게 흘러나가는 것이다.

7과

———

기
도

I

기도의 대상

1. 누구에게 기도하는가?

마 6:9 그러므로 너희는 이렇게 기도하라 하늘에 계신 우리 아버지여 이름이 거룩히 여김을 받으시오며

2. 누구를 통해 기도하는가?

요 14:13 너희가 내 이름으로 무엇을 구하든지 내가 행하리니 이는 아버지로 하여금 아들로 말미암아 영광을 받으시게 하려 함이라

요 16:23-24 23 그 날에는 너희가 아무 것도 내게 묻지 아니하리라 내가 진실로 진실로 너희에게 이르노니 너희가 무엇이든지 아버지께 구하는 것을 내 이름으로 주시리라 24 지금까지는 너희가 내 이름으로 아무

것도 구하지 아니하였으나 구하라 그리하면 받으리니 너희 기쁨이 충만하리라

딤전 2:5 하나님은 한 분이시요 또 하나님과 사람 사이에 중보자도 한 분이시니 곧 사람이신 그리스도 예수라

요 14:6 예수께서 이르시되 내가 곧 길이요 진리요 생명이니 나로 말미암지 않고는 아버지께로 올 자가 없느니라

3. 누구 안에서 기도하는가?

엡 6:18 모든 기도와 간구를 하되 항상 성령 안에서 기도*하고 이를 위하여 깨어 구하기를 항상 힘쓰며 여러 성도를 위하여 구하라

기도는 영혼이 하나님과 교제하는 것이며, 그것은 성령 안에서 이루어진다. 그러므로 기도는 우리가 하나님의 거룩하신 동행 안에서 끊임없이 기뻐하며 매 순간 어떤 식으로든 대화의 막힘이 없이 항상 하나님과 겸손하면서도 정답게 교제를 나누는 것이다.

---

* 우리가 기도할 소원과 능력을 갖도록 영적으로 소성받음을 의미한다.

II
기도의 자세

1. 성령이 없으면 기도가 불가능하다

"기도를 어떻게 할까? 무엇을 기도할까?"가 중요한 것이 아니고 "성령 안에서 하나님과 함께 연합(with God)하여 있는가?"가 중요한 것이다.

> 슥 12:10 내가 다윗의 집과 예루살렘 주민에게 은총과 간구하는 심령을 부어 주리니 그들이 그 찌른 바 그를 바라보고 그를 위하여 애통하기를 독자를 위하여 애통하듯 하며 그를 위하여 통곡하기를 장자를 위하여 통곡하듯 하리로다

사람이 거듭나야 하고 하나님의 내주하심을 경험해야 한다. 성령 께서 우리 안에 내주함이 없이 하나님이 기쁘시게 하는 기도를 드릴

수 없다. 생명이 없으면 어떤 육체적 운동도 있을 수 없는 것과 같이 거듭나지 못한 사람은 그 안에 영적 생명이 없기에 하나님께 기도할 소원도 없고 기도하지 않는다.

그러나 성령 안에 있는 사람은 마치 기름지고 물 댄 땅에 둔 씨가 싹이 날 수밖에 없듯이 기도를 하고야 만다.

유 1:20 사랑하는 자들아 너희는 너희의 지극히 거룩한 믿음 위에 자신을 세우며 성령으로 기도하며

2. 성령의 인도를 따라

롬 8:26-27 26 이와 같이 성령도 우리의 연약함을 도우시나니 우리는 마땅히 기도할 바를 알지 못하나* 오직 성령이 말할 수 없는 탄식으로 우리를 위하여 친히 간구하시느니라** 27 마음을 살피시는 이가 성령의 생각을 아시나니 이는 성령이 하나님의 뜻대로 성도를 위하여 간구하심이니라

~~~~~~~~

* 성도가 기도함에 있어 하나님 앞에서 자기가 죄인임을 철저히 깨닫고 겸손한 마음으로 성령의 도우심을 간구해야 한다. 성령의 도움이 아니면 기도의 능력도 기도할 내용도 찾지 못한다.

** 성령께서 연약한 성도들을 위해 일하고 계심을 강조하고 있으며 의식하지 못하고 깨닫지 못하는 사실을 미리 아시고 성도들을 위해 성부 하나님께 간구하고 계신다. 이런 면에서 기도는 성도 안에 계신 성령의 사역이라 할 수 있으며 이 사실이야말로 성도에게는 큰 위로이며 구원에 대한 보증이다.

고전 2:10 오직 하나님이 성령으로 이것을 우리에게 보이셨으니 성령은 모든 것 곧 하나님의 깊은 것까지도 통달하시느니라

엡 6:18 모든 기도와 간구를 하되 항상 성령 안에서 기도하고 이를 위하여 깨어 구하기를 항상 힘쓰며 여러 성도를 위하여 구하라

살전 5:17 쉬지 말고 기도하라

이 말씀은 24시간 입술을 움직여 기도하라는 의미가 아니라 하나님께 부단히 의지하는 자세를 말하며 기도하는 마음으로 하나님께 나아갈 준비를 갖추는 마음가짐으로 기도 생활을 하라는 의미이다.

그러므로 기도할 때 우리는 하나님과 더불어(with God) 깊이 교제하고 대화하는 내적 자세를 갖춰야 한다.

3. 겸손한 마음으로

겸손한 마음은 자기가 의지적인 자세로 낮추는 겸손(꾸며낸 겸손)을 말하는 것이 아니고, 하나님 앞에서 인간의 위치를 정확히 알아 하나님이 기뻐하시는 어떤 일도 스스로 할 수 없는 죄인임을 알고 인정하는 마음을 말한다.

골 2:18-19 ¹⁸ 아무도 꾸며낸 겸손과 천사 숭배를 이유로 너희를 정죄하지 못하게 하라 그가 그 본 것에 의지하여 그 육신의 생각을 따라 헛되이 과장하고 ¹⁹ 머리를 붙들지 아니하는지라 온 몸이 머리로 말미암아 마디와 힘줄로 공급함을 받고 연합하여 하나님이 자라게 하시므로 자라느니라

대하 7:14 내 이름으로 일컫는 내 백성이 그들의 악한 길에서 떠나 스스로 낮추고 기도하여 내 얼굴을 찾으면 내가 하늘에서 듣고 그들의 죄를 사하고 그들의 땅을 고칠지라

III

기도의 요소

1. 기도는

　1) 예수님과의 대화이다.

　2) 우리의 정당하고 꼭 필요한 모든 것들을, 구주 예수 그리스도
의 중재를 통하여 꼭 얻으리라는 확신을 가지고 하나님께 드리는 하
나의 제사이다.

　3) 주 예수의 이름과 성령님의 힘으로, 하나님께 드리는 하나의
예배이다.

　4) 하나님께 이야기하는 인간의 마음이다.

2. 기도의 요소

　기도는 적어도 다음의 4부분으로 이루어진다(ACTS).

1) Adoration(찬양)-마음에서 우러나는 하나님에 대한 찬양

대상 29:11 여호와여 위대하심과 권능과 영광과 승리와 위엄이 다 주께 속하였사오니 천지에 있는 것이 다 주의 것이로소이다 여호와여 주권도 주께 속하였사오니 주는 높으사 만물의 머리이심이니이다

시 145:1-6 ¹ 왕이신 나의 하나님이여 내가 주를 높이고 영원히 주의 이름을 송축하리이다 ² 내가 날마다 주를 송축하며 영원히 주의 이름을 송축하리이다 ³ 여호와는 위대하시니 크게 찬양할 것이라 그의 위대하심을 측량하지 못하리로다 ⁴ 대대로 주께서 행하시는 일을 크게 찬양하며 주의 능한 일을 선포하리로다 ⁵ 주의 존귀하고 영광스러운 위엄과 주의 기이한 일들을 나는 작은 소리로 읊조리리이다 ⁶ 사람들은 주의 두려운 일의 권능을 말할 것이요 나도 주의 위대하심을 선포하리이다

시편 95:6 오라 우리가 굽혀 경배하며 우리를 지으신 여호와 앞에 무릎을 꿇자

2) Confession(고백)-모든 죄악으로부터 벗어나고 그것을 뉘우침

요일 1:9 만일 우리가 우리 죄를 자백하면 그는 미쁘시고 의로우사 우리 죄를 사하시며 우리를 모든 불의에서 깨끗하게 하실 것이요

시 32:5 내가 이르기를 내 허물을 여호와께 자복하리라 하고 주께 내 죄를 아뢰고 내 죄악을 숨기지 아니하였더니 곧 주께서 내 죄악을 사하셨나이다(셀라)

3) Thanksgiving(감사)-기쁜 일이나 슬픈 일이나, 모든 일에 대하여 주님께 감사

엡 5:20 범사에 우리 주 예수 그리스도의 이름으로 항상 아버지 하나님께 감사하며

살전 5:16-18 16 항상 기뻐하라 17 쉬지 말고 기도하라 18 범사에 감사하라 이것이 그리스도 예수 안에서 너희를 향하신 하나님의 뜻이니라

골 4:2 기도를 계속하고 기도에 감사함으로 깨어 있으라

시 100:4 감사함으로 그의 문에 들어가며 찬송함으로 그의 궁정에 들어가서 그에게 감사하며 그의 이름을 송축할지어다

빌 4:6-7 6 아무 것도 염려하지 말고 다만 모든 일에 기도와 간구로, 너희 구할 것을 감사함으로 하나님께 아뢰라 7 그리하면 모든 지각에 뛰어난 하나님의 평강이 그리스도 예수 안에서 너희 마음과 생각을 지키시리라

4) Supplication(간구)-간구, 탄원, 요구, 도고, 희망

<u>딤전 2:1</u> 그러므로 내가 첫째로 권하노니 모든 사람을 위하여 간구와 기도와 도고와 감사를 하되

a. 간구(supplication, 탄원, 간청): 자신의 필요를 위해 기도하는 것.

b. 도고(intercession, 중재, 조정): 다른 사람을 위해 기도하는 것.

c. 기도(prayer): 그 외 모든 것을 총칭.

① 하나님을 바르게 알아서 주께 합당한 삶을 살도록

<u>골 1:9-12</u> ⁹ 이로써 우리도 듣던 날부터 너희를 위하여 기도하기를 그치지 아니하고 구하노니 너희로 하여금 모든 신령한 지혜와 총명에 하나님의 뜻을 아는 것으로 채우게 하시고 ¹⁰ 주께 합당하게 행하여 범사에 기쁘시게 하고 모든 선한 일에 열매를 맺게 하시며 하나님을 아는 것에 자라게 하시고 ¹¹ 그의 영광의 힘을 따라 모든 능력으로 능하게 하시며 기쁨으로 모든 견딤과 오래 참음에 이르게 하시고 ¹² 우리로 하여금 빛 가운데서 성도의 기업의 부분을 얻기에 합당하게 하신 아버지께 감사하게 하시기를 원하노라

② 복음 전도자의 사역을 위해서

골 4:3-4 ³ 또한 우리를 위하여 기도하되 하나님이 전도할 문을 우리에게 열어 주사 그리스도의 비밀을 말하게 하시기를 구하라 내가 이 일 때문에 매임을 당하였노라 ⁴ 그리하면 내가 마땅히 할 말로써 이 비밀을 나타내리라

③ 병 낫기를 위해서

약 5:16 그러므로 너희 죄를 서로 고백하며 병이 낫기를 위하여 서로 기도하라 의인의 간구는 역사하는 힘이 큼이니라

④ 민족 지도자를 위해서

딤전 2:1-2 ¹ 그러므로 내가 첫째로 권하노니 모든 사람을 위하여 간구와 기도와 도고와 감사를 하되 ² 임금들과 높은 지위에 있는 모든 사람을 위하여 하라 이는 우리가 모든 경건과 단정함으로 고요하고 평안한 생활을 하려 함이라

예수 그리스도의 이름으로 기도하고 마친다.

요 14:13 너희가 내 이름으로 무엇을 구하든지 내가 행하리니 이는 아버지로 하여금 아들로 말미암아 영광을 받으시게 하려 함이라

IV

기도 응답의 요건

1. 하나님의 일은 하나님께서 이루신다

마 9:38 그러므로 추수하는 주인에게 청하여* 추수할 일꾼들을 보내 주소서 하라 하시니라

요 14:12-15 12 내가 진실로 진실로 너희에게 이르노니 나를 믿는 자는 내가 하는 일을 그도 할 것이요 또한 그보다 큰 일도 하리니 이는 내가 아버지께로 감이라 13 너희가 내 이름으로 무엇을 구하든지 내가 행하리니 이는 아버지로 하여금 아들로 말미암아 영광을 받으시게 하려 함이라 14 내 이름으로 무엇이든지 내게 구하면 내가 행하리라 15 너희가 나를 사랑하면 나의 계명을 지키리라

---

* 하나님의 일은 하나님께서 이루신다. 그러므로 하나님의 일을 이루는 열쇠는 기도뿐이다. 우리의 방법으로 하려 한다면 그것은 잘못이다.

나를 믿는 자는 내 이름으로 무엇이든지 내게 구하면 내가 행하신다고 말씀하신 예수님은 "이는 내가 아버지께로 감이라"(12절)라고 말씀하신다.

요 16:7 그러나 내가 너희에게 실상을 말하노니 내가 떠나가는 것이 너희에게 유익이라 내가 떠나가지 아니하면 보혜사가 너희에게로 오시지 아니할 것이요 가면 내가 그를 너희에게로 보내리니

시 37:3-6 ³ 여호와를 의뢰하고 선을 행하라 땅에 머무는 동안 그의 성실을 먹을 거리로 삼을지어다 ⁴ 또 여호와를 기뻐하라 그가 네 마음의 소원을 네게 이루어 주시리로다 ⁵ 네 길을 여호와께 맡기라 그를 의지하면 그가 이루시고 ⁶ 네 의를 빛 같이 나타내시며 네 공의를 정오의 빛 같이 하시리로다

2. 성령 안에서 계명을 지키는 자

요 14:20-21 ²⁰ 그 날에는 내가 아버지 안에, 너희가 내 안에, 내가 너희 안에 있는 것을 너희가 알리라* ²¹ 나의 계명을 지키는 자라야 나를 사랑하는 자니 나를 사랑하는 자는 내 아버지께 사랑을 받을 것이요 나도 그를

＊ 예수님을 주인으로 영접할 때 우리 안에 계시는 성령과 하나님과 온전히 하나가 되는 것이다.

사랑하여 그에게 나를 나타내리라*

요 15:7 너희가 내 안에 거하고 내 말이 너희 안에 거하면 무엇이든지 원하는 대로 구하라 그리하면 이루리라

신 28:1-2 ¹ 네가 네 하나님 여호와의 말씀을 삼가 듣고 내가 오늘 네게 명령하는 그의 모든 명령을 지켜 행하면 네 하나님 여호와께서 너를 세계 모든 민족 위에 뛰어나게 하실 것이라 ² 네가 네 하나님 여호와의 말씀을 청종하면 이 모든 복이 네게 임하며 네게 이르리니

요일 3:22 무엇이든지 구하는 바를 그에게서 받나니 이는 우리가 그의 계명을 지키고 그 앞에서 기뻐하시는 것을 행함이라

3. 하나님의 기쁘신 뜻을 따라 간구하는 자

약 4:2-3 ² 너희는 욕심을 내어도 얻지 못하여 살인하며 시기하여도 능히 취하지 못하므로 다투고 싸우는도다 너희가 얻지 못함은 구하지 아니하기 때문이요 ³ 구하여도 받지 못함은 정욕으로 쓰려고 잘못 구하기 때문이라

---

* 예수님의 계명을 사랑한다고 고백하는 자, 배우는 자, 아는 자가 아니고, 지키는 자 (성령 안에서)가 예수님을 사랑하는 자이다.

<u>요일 5:14-15</u> ¹⁴ 그를 향하여 우리가 가진 바 담대함이 이것이니 그의 뜻대로 무엇을 구하면 들으심이라 ¹⁵ 우리가 무엇이든지 구하는 바를 들으시는 줄을 안즉 우리가 그에게 구한 그것을 얻은 줄을 또한 아느니라

4. 기도에 병행되는 것

<u>행 10:1-4</u> ¹ 가이사랴에 고넬료라 하는 사람이 있으니 이달리야 부대라 하는 군대의 백부장이라 ² 그가 경건하여 온 집안과 더불어 하나님을 경외하며 백성을 많이 구제하고 하나님께 항상 기도하더니 ³ 하루는 제구 시쯤 되어 환상 중에 밝히 보매 하나님의 사자가 들어와 이르되 고넬료야 하니 ⁴ 고넬료가 주목하여 보고 두려워 이르되 주여 무슨 일이니이까 천사가 이르되 네 기도와 구제가 하나님 앞에 상달되어 기억하신 바가 되었으니

1) 경건과 구제(행10:2)

<u>약 1:25-27</u> ²⁵ 자유롭게 하는 온전한 율법을 들여다보고 있는 자는 듣고 잊어버리는 자가 아니요 실천하는 자니 이 사람은 그 행하는 일에 복을 받으리라 ²⁶ 누구든지 스스로 경건하다 생각하며 자기 혀를 재갈 물리지 아니하고 자기 마음을 속이면 이 사람의 경건은 헛것이라 ²⁷ 하나님 아버지 앞에서 정결하고 더러움이 없는 경건은 곧 고아와 과부를 그 환

난중에 돌보고 또 자기를 지켜 세속에 물들지 아니하는 그것이니라

약 2:14-17 ¹⁴ 내 형제들아 만일 사람이 믿음이 있노라 하고 행함이 없으면 무슨 유익이 있으리요 그 믿음이 능히 자기를 구원하겠느냐 ¹⁵ 만일 형제나 자매가 헐벗고 일용할 양식이 없는데 ¹⁶ 너희 중에 누구든지 그에게 이르되 평안히 가라, 덥게 하라, 배부르게 하라 하며 그 몸에 쓸 것을 주지 아니하면 무슨 유익이 있으리요 ¹⁷ 이와 같이 행함이 없는 믿음은 그 자체가 죽은 것이라

2) 구제와 기도(행 10:2, 4)

행 20:35-36 ³⁵ 범사에 여러분에게 모본을 보여준 바와 같이 수고하여 약한 사람들을 돕고 또 주 예수께서 친히 말씀하신 바 주는 것이 받는 것보다 복이 있다 하심을 기억하여야 할지니라 ³⁶ 이 말을 한 후 무릎을 꿇고 그 모든 사람들과 함께 기도하니

딤전 6:17-19 ¹⁷ 네가 이 세대에서 부한 자들을 명하여 마음을 높이지 말고 정함이 없는 재물에 소망을 두지 말고 오직 우리에게 모든 것을 후히 주사 누리게 하시는 하나님께 두며 ¹⁸ 선을 행하고 선한 사업을 많이 하고 나누어 주기를 좋아하며 너그러운 자가 되게 하라 ¹⁹ 이것이 장래에 자기를 위하여 좋은 터를 쌓아 참된 생명을 취하는 것이니라

잠 19:17 가난한 자를 불쌍히 여기는 것은 여호와께 꾸어 드리는 것이니 그의 선행을 그에게 갚아 주시리라

겔 16:49-50 ⁴⁹ 네 아우 소돔의 죄악은 이러하니 그와 그의 딸들에게 교만함과 음식물의 풍족함과 태평함이 있음이며 또 그가 가난하고 궁핍한 자를 도와 주지 아니하며 ⁵⁰ 거만하여 가증한 일을 내 앞에서 행하였음이라 그러므로 내가 보고 곧 그들을 없이 하였느니라

마 25:40-46 ⁴⁰ 임금이 대답하여 이르시되 내가 진실로 너희에게 이르노니 너희가 여기 내 형제 중에 지극히 작은 자 하나에게 한 것이 곧 내게 한 것이니라 하시고 ⁴¹ 또 왼편에 있는 자들에게 이르시되 저주를 받은 자들아 나를 떠나 마귀와 그 사자들을 위하여 예비된 영원한 불에 들어가라 ⁴² 내가 주릴 때에 너희가 먹을 것을 주지 아니하였고 목마를 때에 마시게 하지 아니하였고 ⁴³ 나그네 되었을 때에 영접하지 아니하였고 헐벗었을 때에 옷 입히지 아니하였고 병들었을 때와 옥에 갇혔을 때에 돌보지 아니하였느니라 하시니 ⁴⁴ 그들도 대답하여 이르되 주여 우리가 어느 때에 주께서 주리신 것이나 목마르신 것이나 나그네 되신 것이나 헐벗으신 것이나 병드신 것이나 옥에 갇히신 것을 보고 공양하지 아니하더이까 ⁴⁵ 이에 임금이 대답하여 이르시되 내가 진실로 너희에게 이르노니 이 지극히 작은 자 하나에게 하지 아니한 것이 곧 내게 하지 아니한 것이니라 하시리니 ⁴⁶ 그들은 영벌에, 의인들은 영생에 들어가리

라 하시니라

<u>히 13:2</u> 손님 대접하기를 잊지 말라 이로써 부지중에 천사들을 대접한 이들이 있었느니라

<u>신 15:9-11</u> ⁹ 삼가 너는 마음에 악한 생각을 품지 말라 곧 이르기를 일곱째 해 면제년이 가까이 왔다 하고 네 궁핍한 형제를 악한 눈으로 바라보며 아무것도 주지 아니하면 그가 너를 여호와께 호소하리니 그것이 네게 죄가 되리라 ¹⁰ 너는 반드시 그에게 줄 것이요, 줄 때에는 아끼는 마음을 품지 말 것이니라 이로 말미암아 네 하나님 여호와께서 네가 하는 모든 일과 네 손이 닿는 모든 일에 네게 복을 주시리라 ¹¹ 땅에는 언제든지 가난한 자가 그치지 아니하겠으므로 내가 네게 명령하여 이르노니 너는 반드시 네 땅 안에 네 형제 중 곤란한 자와 궁핍한 자에게 네 손을 펼지니라

V

바울의 기도

골 1:9-14 **9** 이로써 우리도 듣던 날부터 너희를 위하여 기도하기를 그치지 아니하고 구하노니 너희로 하여금 모든 신령한 지혜와 총명에 하나님의 뜻을 아는 것으로 채우게 하시고 **10** 주께 합당하게 행하여 범사에 기쁘시게 하고 모든 선한 일에 열매를 맺게 하시며 하나님을 아는 것에 자라게 하시고 **11** 그의 영광의 힘을 따라 모든 능력으로 능하게 하시며 기쁨으로 모든 견딤과 오래 참음에 이르게 하시고 **12** 우리로 하여금 빛 가운데서 성도의 기업의 부분을 얻기에 합당하게 하신 아버지께 감사하게 하시기를 원하노라 **13** 그가 우리를 흑암의 권세에서 건져내사 그의 사랑의 아들의 나라로 옮기셨으니 **14** 그 아들 안에서 우리가 속량 곧 죄 사함을 얻었도다

1. 하나님의 뜻을 아는 것으로 채우게 하시고(9절)

고후 7:10 하나님의 뜻대로 하는 근심은 후회할 것이 없는 구원에 이르게 하는 회개를 이루는 것이요 세상 근심은 사망을 이루는 것이니라

하나님의 뜻대로 하는 근심이 있는 자에게 하나님의 뜻을 아는 것으로 채우신다.

벧전 4:2 그 후로는 다시 사람의 정욕을 따르지 않고 하나님의 뜻을 따라 육체의 남은 때를 살게 하려 함이라

요일 2:17 이 세상도, 그 정욕도 지나가되 오직 하나님의 뜻을 행하는 자는 영원히 거하느니라

갈 2:20 내가 그리스도와 함께 십자가에 못 박혔나니 그런즉 이제는 내가 사는 것이 아니요 오직 내 안에 그리스도께서 사시는 것이라 이제 내가 육체 가운데 사는 것은 나를 사랑하사 나를 위하여 자기 자신을 버리신 하나님의 아들을 믿는 믿음 안에서 사는 것이라

갈 5:24 그리스도 예수의 사람들은 육체와 함께 그 정욕과 탐심을 십자가에 못 박았느니라

골 3:2-5 ² 위의 것을 생각하고 땅의 것을 생각하지 말라 ³ 이는 너희가 죽었고 너희 생명이 그리스도와 함께 하나님 안에 감추어졌음이라 ⁴ 우리 생명이신 그리스도께서 나타나실 그 때에 너희도 그와 함께 영광 중에 나타나리라 ⁵ 그러므로 땅에 있는 지체를 죽이라 곧 음란과 부정과 사욕과 악한 정욕과 탐심이니 탐심은 우상 숭배니라

2. 주께 합당히 행하여(10절~12절)

요 4:34 예수께서 이르시되 나의 양식은 나를 보내신 이의 뜻을 행하며 그의 일을 온전히 이루는 이것이니라

요 15:5 나는 포도나무요 너희는 가지라 그가 내 안에, 내가 그 안에 거하면 사람이 열매를 많이 맺나니 나를 떠나서는 너희가 아무 것도 할 수 없음이라

갈 5:25 만일 우리가 성령으로 살면 또한 성령으로 행할지니

열매를 맺게 하시며(10절)

갈 5:22-23 ²² 오직 성령의 열매는 사랑과 희락과 화평과 오래 참음과 자비와 양선과 충성과²³ 온유와 절제니 이같은 것을 금지할 법이 없느니라

능력으로 능하게 하시며(11절)

골 1:29 이를 위하여 나도 내 속에서 능력으로 역사하시는 이의 역사를 따라 힘을 다하여 수고하노라

고전 2:4 내 말과 내 전도함이 설득력 있는 지혜의 말로 하지 아니하고 다만 성령의 나타나심과 능력으로 하여

히 2:4 하나님도 표적들과 기사들과 여러 가지 능력과 및 자기의 뜻을 따라 성령이 나누어 주신 것으로써 그들과 함께 증언하셨느니라

롬 15:18 그리스도께서 이방인들을 순종하게 하기 위하여 나를 통하여 역사하신 것* 외에는 내가 감히 말하지 아니하노라 그 일은 말과 행위로

기쁨으로 모든 견딤과 오래 참음에 이르게 하시고(11절)

요 15:11 내가 이것을 너희에게 이름은 내 기쁨이 너희 안에 있어 너희 기쁨을 충만하게 하려 함이라

살전 1:6 또 너희는 많은 환난 가운데서 성령의 기쁨으로 말씀을 받아 우리와 주를 본받은 자가 되었으니

~~~~~~~~~~

* 성령의 능력으로 역사하신 것(개역한글)

행 13:52 제자들은 기쁨과 성령이 충만하니라

합 3:17-18 ¹⁷ 비록 무화과나무가 무성하지 못하며 포도나무에 열매가 없으며 감람나무에 소출이 없으며 밭에 먹을 것이 없으며 우리에 양이 없으며 외양간에 소가 없을지라도 ¹⁸ 나는 여호와로 말미암아 즐거워하며 나의 구원의 하나님으로 말미암아 기뻐하리로다

마 5:11-12 ¹¹ 나로 말미암아 너희를 욕하고 박해하고 거짓으로 너희를 거슬러 모든 악한 말을 할 때에는 너희에게 복이 있나니 ¹² 기뻐하고 즐거워하라 하늘에서 너희의 상이 큼이라 너희 전에 있던 선지자들도 이같이 박해하였느니라

아버지께 감사하게 하시기를(12절)

골 3:15-17 ¹⁵ 그리스도의 평강이 너희 마음을 주장하게 하라 너희는 평강을 위하여 한 몸으로 부르심을 받았나니 너희는 또한 감사하는 자가 되라 ¹⁶ 그리스도의 말씀이 너희 속에 풍성히 거하여 모든 지혜로 피차 가르치며 권면하고 시와 찬송과 신령한 노래를 부르며 감사하는 마음으로 하나님을 찬양하고 ¹⁷ 또 무엇을 하든지 말에나 일에나 다 주 예수의 이름으로 하고 그를 힘입어 하나님 아버지께 감사하라

살후 2:13 주께서 사랑하시는 형제들아 우리가 항상 너희에 관하여 마땅

히 하나님께 감사할 것은 하나님이 처음부터 너희를 택하사 성령의 거룩하게 하심과 진리를 믿음으로 구원을 받게 하심이니

골 4:2 기도를 계속하고 기도에 감사함으로 깨어 있으라

빌 4:6 아무 것도 염려하지 말고 다만 모든 일에 기도와 간구로, 너희 구할 것을 감사함으로 하나님께 아뢰라

요나의 기도(찬양과 감사의 제사)

욘 2:1-2 ¹ 요나가 물고기 뱃속에서 그의 하나님 여호와께 기도하여 ² 이르되 내가 받는 고난으로 말미암아 여호와께 불러 아뢰었더니 주께서 내게 대답하셨고 내가 스올의 뱃속에서 부르짖었더니 주께서 내 음성을 들으셨나이다

욘 2:9-10 ⁹ 나는 감사하는 목소리로 주께 제사를 드리며 나의 서원을 주께 갚겠나이다 구원은 여호와께 속하였나이다 하니라 ¹⁰ 여호와께서 그 물고기에게 말씀하시매 요나를 육지에 토하니라

찬양과 감사의 제사를 드린다는 뜻은 지금 내가 당하는 고난이 어린아이의 믿음에서 장성한 자의 믿음으로(히 5:12-14) 가게 하는 하

나님의 복된 섭리임을 알고, 내게 유익하다는 고백으로 그 고난을 오히려 감사해 하는 것을 말한다.

원하는 대로 되지 않았을지라도 그 속에 하나님의 섭리가 있음을 생각하고 (문제가 여전히 있는 상태에서) 감사함으로 나아가야 한다.

> 히 5:12-14 ¹² 때가 오래 되었으므로 너희가 마땅히 선생이 되었을 터인데 너희가 다시 하나님의 말씀의 초보에 대하여 누구에게서 가르침을 받아야 할 처지이니 단단한 음식은 못 먹고 젖이나 먹어야 할 자가 되었도다 ¹³ 이는 젖을 먹는 자마다 어린 아이니 의의 말씀을 경험하지 못한 자요 ¹⁴ 단단한 음식은 장성한 자의 것이니 그들은 지각을 사용함으로 연단을 받아 선악을 분별하는 자들이니라

우리가 현재 당하고 있는 고난에 대하여 기도할 때 "하나님 아버지 나의 당하는 고난(직접 겪는 일들)으로 인하여 주님을 찬양합니다. 이 일을 통하여 행하실 하나님의 놀라운 복을 기대하며 주님을 찬양합니다"라고 기도하자.

> 시 119:71 고난 당한 것이 내게 유익이라 이로 말미암아 내가 주의 율례들을 배우게 되었나이다

간혹 우리는 지금 겪는 이 고난 뒤에 올 축복을 기대하며 지금의

문제를 인내하며 감사하려고 한다. 그러나 감사의 제사는 지금 내가 겪는 이 문제 자체가 곧 축복임을 알고 감사하는 것이다. 이 감사가 제물로 드려지는 것이다.

VI

예수님의 기도

1. 자신을 위해 중보기도 하시는 예수님

요 17:1-5 ¹ 예수께서 이 말씀을 하시고 눈을 들어 하늘을 우러러 이르시되 아버지여 때가 이르렀사오니 아들을 영화롭게 하사 아들로 아버지를 영화롭게 하게 하옵소서 ² 아버지께서 아들에게 주신 모든 사람에게 영생을 주게 하시려고 만민을 다스리는 권세를 아들에게 주셨음이로소이다 ³ 영생은 곧 유일하신 참 하나님과 그가 보내신 자 예수 그리스도를 아는 것이니이다 ⁴ 아버지께서 내게 하라고 주신 일을 내가 이루어 아버지를 이 세상에서 영화롭게 하였사오니 ⁵ 아버지여 창세 전에 내가 아버지와 함께 가졌던 영화로써 지금도 아버지와 함께 나를 영화롭게 하옵소서

아들을 영화롭게 하사 아들로 아버지를 영화롭게 하게 하옵소서 (1절)

자기의 욕망과 성공을 위한 것이 아니라, 이 세상에 온 목적과 사명을 잘 깨닫고 그 길을 바로 가게 해 달라는 기도이다. 어떤 유혹이나 시험도 물리치고 하나님이 내게 향하신 십자가의 고난을 잘 감당하게 하소서.

막 14:36 이르시되 아빠 아버지여 아버지께서는 모든 것이 가능하오니 이 잔을 내게서 옮기시옵소서 그러나 나의 원대로 마시옵고 아버지의 원대로 하옵소서 하시고

영생은 곧 유일하신 참 하나님과 그가 보내신 자 예수 그리스도를 아는 것*이니이다(3절)

요 3:15-16 15 이는 그를 믿는 자마다 영생을 얻게 하려 하심이니라 16 하나님이 세상을 이처럼 사랑하사 독생자를 주셨으니 이는 그를 믿는 자마다 멸망하지 않고 영생을 얻게 하려 하심이라

요일 5:11-12 11 또 증거는 이것이니 하나님이 우리에게 영생을 주신 것과 이 생명이 그의 아들 안에 있는 그것이니라 12 아들이 있는 자에게는 생

---

* 안다-믿는다

명이 있고 하나님의 아들이 없는 자에게는 생명이 없느니라

요 6:40 내 아버지의 뜻은 아들을 보고 믿는 자마다 영생을 얻는 이것이
니 마지막 날에 내가 이를 다시 살리리라 하시니라

바울의 기도 요청

엡 6:19 또 나를 위하여 구할 것은 내게 말씀을 주사 나로 입을 열어 복음
의 비밀을 담대히 알리게 하옵소서 할 것이니

바울의 기도 요청 내용은 예수님의 자신을 위한 기도 내용과 같다.

2. 제자들을 위해 중보기도 하시는 예수님

요 17:11-19 ¹¹ 나는 세상에 더 있지 아니하오나 그들은 세상에 있사옵고
나는 아버지께로 가옵나니 거룩하신 아버지여 내게 주신 아버지의 이
름으로 그들을 보전하사 우리와 같이 그들도 하나가 되게 하옵소서 ¹²
내가 그들과 함께 있을 때에 내게 주신 아버지의 이름으로 그들을 보전
하고 지키었나이다 그 중의 하나도 멸망하지 않고 다만 멸망의 자식뿐
이오니 이는 성경을 응하게 함이니이다 ¹³ 지금 내가 아버지께로 가오
니 내가 세상에서 이 말을 하옵는 것은 그들로 내 기쁨을 그들 안에 충
만히 가지게 하려 함이니이다 ¹⁴ 내가 아버지의 말씀을 그들에게 주었

사오매 세상이 그들을 미워하였사오니 이는 내가 세상에 속하지 아니함 같이 그들도 세상에 속하지 아니함으로 인함이니이다 ¹⁵ 내가 비옵는 것은 그들을 세상에서 데려가시기를 위함이 아니요 다만 악에 빠지지 않게 보전하시기를 위함이니이다 ¹⁶ 내가 세상에 속하지 아니함 같이 그들도 세상에 속하지 아니하였사옵나이다 ¹⁷ 그들을 진리로 거룩하게 하옵소서 아버지의 말씀은 진리니이다 ¹⁸ 아버지께서 나를 세상에 보내신 것 같이 나도 그들을 세상에 보내었고 ¹⁹ 또 그들을 위하여 내가 나를 거룩하게 하오니 이는 그들도 진리로 거룩함을 얻게 하려 함이니이다.

1) 우리와 같이* 그들도 하나가 되게 하옵소서(요 17:11절)

엡 4:1-6 ¹ 그러므로 주 안에서 갇힌 내가 너희를 권하노니 너희가 부르심을 받은 일에 합당하게 행하여 ² 모든 겸손과 온유로 하고 오래 참음으로 사랑 가운데서 서로 용납하고 ³ 평안의 매는 줄로 성령이 하나 되게 하신 것을 힘써 지키라 ⁴ 몸이 하나요 성령도 한 분이시니 이와 같이 너희가 부르심의 한 소망 안에서 부르심을 받았느니라 ⁵ 주도 한 분이시요 믿음도 하나요 세례도 하나요 ⁶ 하나님도 한 분이시니 곧 만유의 아버지시라 만유 위에 계시고 만유를 통일하시고 만유 가운데 계시도다

* 아버지와 내가 하나인 것 같이

왜 사람들은 싸우고 비판하고 분열되는가? 하나가 되지 못하고 지배하려는 욕망에서 온다. 사탄은 분열의 영이고 성령은 연합과 일치의 영이다.

고후 5:18 모든 것이 하나님께로서 났으며 그가 그리스도로 말미암아 우리를 자기와 화목하게 하시고 또 우리에게 화목하게 하는 직분을 주셨으니

예수님은 화해자로 오셨고, 우리에게 화목하게 하는 직분을 주셨다. 하나님이 이 땅에서 살아가는 우리 믿음의 사람들에게 향하신 목적은 사랑으로 하나 되는 것이다.

히 10:19 그러므로 형제들아 우리가 예수의 피를 힘입어 성소에 들어갈 담력을 얻었나니

우리가 예수 그리스도의 피를 힘입어 담력을 얻어 성소에 들어간다.

엡 1:3-10 3 찬송하리로다 하나님 곧 우리 주 예수 그리스도의 아버지께서 그리스도 안에서 하늘에 속한 모든 신령한 복을 우리에게 주시되 4 곧 창세 전에 그리스도 안에서 우리를 택하사 우리로 사랑 안에서 그 앞

에 거룩하고 흠이 없게 하시려고 ⁵ 그 기쁘신 뜻대로 우리를 예정하사 예수 그리스도로 말미암아 자기의 아들들이 되게 하셨으니 ⁶ 이는 그가 사랑하시는 자 안에서 우리에게 거저 주시는 바 그의 은혜의 영광을 찬송하게 하려는 것이라 ⁷ 우리는 그리스도 안에서 그의 은혜의 풍성함을 따라 그의 피로 말미암아 속량 곧 죄 사함을 받았느니라 ⁸ 이는 그가 모든 지혜와 총명을 우리에게 넘치게 하사 ⁹ 그 뜻의 비밀을 우리에게 알리신 것이요 그의 기뻐하심을 따라 그리스도 안에서 때가 찬 경륜을 위하여 예정하신 것이니 ¹⁰ 하늘에 있는 것이나 땅에 있는 것이 다 그리스도 안에서 통일되게 하려 하심이라*

내게 주신 아버지의 이름으로 그들을 보전하사(요 17:11), 내게 주신 아버지의 이름으로 그들을 보전하고 지키었나이다(요 17:12절) 저들을 보존하시고 지켜주옵소서. 하나님께서 우리를 지켜주시지 아니하면 안 된다. 내가 나를 아무리 지켜도 안 된다.

온 땅의 언어가 하나였으나, 인간이 성을 쌓음(바벨탑)으로 여호와께서 언어를 혼잡하게 하셨고 서로 알아듣지 못하게 하심으로 서로 단절되었다(창11:1-9). 외로운 사람은 자기가 성을 쌓아 자기가 외로움을 만든 것이다.

---

* 그리스도 안에서 함께 하나가 되게 하려 하심이라.

2) 그들로 내 기쁨을 그들 안에 충만히 가지게 하려 함이니이다(요 17:13절)

기독교는 기쁨의 종교이다.

빌 4:4 주 안에서 항상 기뻐하라 내가 다시 말하노니 기뻐하라

살전 5:16-18 16 항상 기뻐하라 17 쉬지 말고 기도하라 18 범사에 감사하라 이것이 그리스도 예수 안에서 너희를 향하신 하나님의 뜻이니라

눅 10:20 그러나 귀신들이 너희에게 항복하는 것으로 기뻐하지 말고 너희 이름이 하늘에 기록된 것으로 기뻐하라 하시니라

시 33:1 너희 의인들아 여호와를 즐거워하라 찬송은 정직한 자의 마땅히 할 바로다

요이 1:12 내가 너희에게 쓸 것이 많으나 종이와 먹으로 쓰기를 원하지 아니하고 오히려 너희에게 가서 대면하여 말하려 하니 이는 너희 기쁨을 충만하게 하려 함이라

3) 악에 빠지지 않게 보전하시기를 위함이니이다(요 17:15절)

마 6:13 우리를 시험에 들게 하지 마시옵고 다만 악에서 구하시옵소서 (나라와 권세와 영광이 아버지께 영원히 있사옵나이다 아멘)

4) 그들을 진리로 거룩하게 하옵소서(요 17:17절)

엡 4:21-32 21 진리가 예수 안에 있는 것 같이 너희가 참으로 그에게서 듣고 또한 그 안에서 가르침을 받았을진대 22 너희는 유혹의 욕심을 따라 썩어져 가는 구습을 따르는 옛 사람을 벗어 버리고 23 오직 너희의 심령이 새롭게 되어 24 하나님을 따라 의와 진리의 거룩함으로 지으심을 받은 새 사람을 입으라 25 그런즉 거짓을 버리고 각각 그 이웃과 더불어 참된 것을 말하라 이는 우리가 서로 지체가 됨이라 26 분을 내어도 죄를 짓지 말며 해가 지도록 분을 품지 말고 27 마귀에게 틈을 주지 말라 28 도둑질하는 자는 다시 도둑질하지 말고 돌이켜 가난한 자에게 구제할 수 있도록 자기 손으로 수고하여 선한 일을 하라 29 무릇 더러운 말은 너희 입 밖에도 내지 말고 오직 덕을 세우는 데 소용되는 대로 선한 말을 하여 듣는 자들에게 은혜를 끼치게 하라 30 하나님의 성령을 근심하게 하지 말라 그 안에서 너희가 구원의 날까지 인치심을 받았느니라 31 너희는 모든 악독과 노함과 분냄과 떠드는 것과 비방하는 것을 모든 악의와 함께 버리고 32 서로 친절하게 하며 불쌍히 여기며 서로 용서하기를 하나

님이 그리스도 안에서 너희를 용서하심과 같이 하라

벧전 1:22 너희가 진리를 순종함으로 너희 영혼을 깨끗하게 하여 거짓이 없이 형제를 사랑하기에 이르렀으니 마음으로 뜨겁게 서로 사랑하라

VII

기도는 무엇이며
왜 하는가

1. 기도는 하나님과의 대화이며, 하나님의 자녀에게 주시는 특권이다

기도를 통해 하나님과 교제하며, 하나님의 뜻을 깨닫는다. 그리고 그 뜻을 성취할 수 있도록 때를 따라 돕는 은혜를 얻고, 마귀를 대적하여 이길 힘을 얻는다.

히 4:14-16 ¹⁴ 그러므로 우리에게 큰 대제사장이 계시니 승천하신 이 곧 하나님의 아들 예수시라 우리가 믿는 도리를 굳게 잡을지어다 ¹⁵ 우리에게 있는 대제사장은 우리의 연약함을 동정하지 못하실 이가 아니요 모든 일에 우리와 똑같이 시험을 받으신 이로되 죄는 없으시니라 ¹⁶ 그러므로 우리는 긍휼하심을 받고 때를 따라 돕는 은혜를 얻기 위하여 은혜의 보좌 앞에 담대히 나아갈 것이니라

약 4:7 그런즉 너희는 하나님께 복종할지어다 마귀를 대적하라 그리하면 너희를 피하리라

요일 3:8 죄를 짓는 자는 마귀에게 속하나니 마귀는 처음부터 범죄함이라 하나님의 아들이 나타나신 것은 마귀의 일을 멸하려 하심이라

요일 5:4 무릇 하나님께로부터 난 자마다 세상을 이기느니라 세상을 이기는 승리는 이것이니 우리의 믿음이니라

2. 기도는 하나님께서 우리에게 베푸시는 풍성한 은혜와 사랑을 받기 위함이다

요이 1:3 은혜와 긍휼과 평강이 하나님 아버지와 아버지의 아들 예수 그리스도께로부터 진리와 사랑 가운데서 우리와 함께 있으리라

엡 2:7 이는 그리스도 예수 안에서 우리에게 자비하심으로써 그 은혜의 지극히 풍성함을 오는 여러 세대에 나타내려 하심이라

엡 2:7 그것은, 하나님께서 그리스도 예수 안에서 우리에게 자비로 베푸신 그 은혜가 얼마나 풍성한지를, 앞으로 올 모든 세대에게 드러내 보이시려는 것입니다(표준새번역)

하나님은 우리에게 풍성한 은혜와 사랑을 베푸신다. 그럼에도 우리 가운데에는 그 은혜와 사랑을 받지 못하는 경우가 생기는데 이는 인간 속에 있는 악에 의해 은혜와 사랑이 가로막혀 전달되지 못하기 때문이다. 다시 말해 하나님이 주시지 않아 받지 못하는 것이 아니고 악 때문에 위로부터 주어지는 은혜와 사랑이 사람에게서 배척을 당하는 것이다.

이런 상황에서 필요한 것이 바로 기도이다. 왜냐하면 기도는 내 안에 있는 악을 버려 하나님으로부터 오는 은혜와 사랑의 유입이 막힘 없이 이루어지도록 하는 역할을 하기 때문이다. 그렇다면 기도의 실체는 우리를 향한 하나님의 어떠한 움직임을 소망하는 것이 아니라, 이미 우리를 돕고 있는 하나님의 움직임이 우리에게 잘 전달되도록 우리 자신 속에 막혀있는 장해를 제거하는 작업이다. 즉, 어떻게든 나를 변화시켜 악을 버리려는 심정의 상태를 갖는 것이 기도의 목적이다.

'아버지께 구하면 주실 것이라'는 의미를 먼저 살펴보자

마 7:7 구하라 그리하면 너희에게 주실 것이요 찾으라 그리하면 찾아낼 것이요 문을 두드리라 그리하면 너희에게 열릴 것이니

이 말씀의 본질적 의미는 우리가 하나님께 도움을 간청하는 기도를 올리면 하나님께서 자비를 베풀어 어떻게 해주실 것이라는 의미

가 아니다. 즉, 어떤 일을 두고 인간이 기도하면 하나님은 그 일을 응답으로 이루어 주신다는 그런 개념이 아니다.

'아버지께 구한다'는 것은 기도하는 자의 마음 자세가 진정하고 간절한 기울임의 상태에 들어가는 것을 뜻한다. 이렇게 마음이 무엇을 열렬히 갈망한다는 의미는 아버지의 뜻과 같은 어떤 선한 일이 이루어지도록 하나님께 열심히 간청하는 것이 아니다.

> 눅 12:29-30 ²⁹ 너희는 무엇을 먹을까 무엇을 마실까 하여 구하지 말며 근심하지도 말라 ³⁰ 이 모든 것은 세상 백성들이 구하는 것이라 너희 아버지께서는 이런 것이 너희에게 있어야 할 것을 아시느니라

이미 선하신 하나님께서 그 일을 시행하고 계심을 믿고 그것이 내 자신의 악에 의해 훼방을 받지 않도록 내 안에 있는 악한 것들과 나를 중심에 세우는 모든 내 뜻을 버리려고 애를 쓰는 마음의 노력을 뜻한다.

결국 구하면 주신다는 의미는 인간이 구하면 그 다음 차례는 하나님이 응답하여 일을 이루신다는 뜻이 아니라 인간이 자신의 욕망이 담긴 뜻을 버리려 애쓸수록, 이미 그에게 부어져 있던 은혜와 사랑이 진정 그의 소유가 될 수 있다는 의미이다.

> 마 6:33 그런즉 너희는 먼저 그의 나라와 그의 의를 구하라 그리하면 이

모든 것을 너희에게 더하시리라

'하나님의 의를 구한다'고 하는 것은 칭의(稱義)를 구하라는 것이
아니고 하나님의 뜻에 온전히 복종하는 가운데 하나님과의 내적인
바른 관계를 가지고 선(善)을 행하는 것을 의미한다.

경건에도 자아 중심과 하나님 중심의 두 종류가 있듯이(딤후 3:5)
포부에도 자신을 위한 포부(야망-자기의 원하는 것을 추구)와 하나님을
위한 포부(비전-하나님이 각자에게 주시는 것으로 모든 사람에게 유익이 됨)가
있는데 하나님께서는 당신을 위한 포부로 가득 찬 사람들에게 영혼
의 만족과 평안을 주시며 또 인생의 필요조건을 충분히 채우시겠다
는 의미이다(단 9:4, 요일 3:22, 요 15:7).

딤후 3:5 경건의 모양은 있으나 경건의 능력은 부인하니 이같은 자들에
게서 네가 돌아서라

단 9:4 내 하나님 여호와께 기도하며 자복하여 이르기를 크시고 두려워
할 주 하나님, 주를 사랑하고 주의 계명을 지키는 자를 위하여 언약을
지키시고 그에게 인자를 베푸시는 이시여

요일 3:22 무엇이든지 구하는 바를 그에게서 받나니 이는 우리가 그의

계명을 지키고 그 앞에서 기뻐하시는 것을 행함이라

요 15:7 너희가 내 안에 거하고 내 말이 너희 안에 거하면 무엇이든지 원하는 대로 구하라 그리하면 이루리라

첫째, 기도는 내 뜻보다 아버지의 뜻을 기뻐하는 법을 배움으로 내 중심이 되어 있던 모든 악한 삶의 태도를 고치는 훈련을 하는 시간이다.

둘째, 기도는 모든 은혜가 하나님으로부터 인간에게 부어지고 있다는 것을 깨닫는 훈련을 하는 시간이다. 다만 인간은 그 은혜를 받는 그릇이기에 비록 겉으로 보기에는 인간이 자신의 노력과 애씀을 통하여 스스로 지혜를 깨닫고 선을 행하는 것처럼 느껴질지라도 사실은 그 모두가 하나님의 능력임을 깨닫는 훈련을 하는 시간이다.

즉, 모든 능력이 하나님으로부터 주어진다는 것에 대하여 기억의 표면적 지식으로 깨닫는 차원을 넘어 마음속 깊이 있는 영이 확신하도록 지속적으로 훈련을 하는 것이 기도의 주된 또 하나의 목적인 것이다.

기도란, 하나님을 향한 일방적인 통보가 아니라 하나님께서 원하시는 뜻을 분별하고 그 하나님께서 요구하시는 것을 내 삶 속에 실천할 수 있는 능력과 은총을 간구하는 것이다.

그리스도의 부활과 재림

영접 기도

부록

<부록>

그리스도의 부활과 재림

1. 부활의 역사적 사실

> **행 1:3** 그가 고난 받으신 후에 또한 그들에게 확실한 많은 증거로 친히 살아 계심을 나타내사 사십 일 동안 그들에게 보이시며 하나님 나라의 일을 말씀하시니라

그리스도께서는 사도들과 제자들에게 만져 보아 알 수 있는 "살과 뼈"(눅 24:39), 즉 물질적이며 참된 육체를 가지고 살아나셨다.

> **눅 24:39** 내 손과 발을 보고 나인 줄 알라 또 나를 만져 보라 영은 살과 뼈가 없으되 너희 보는 바와 같이 나는 있느니라

2. 부활의 예언

1) 구약의 예언

호 6:1-3 ¹ 오라 우리가 여호와께로 돌아가자 여호와께서 우리를 찢으셨으나 도로 낫게 하실 것이요* 우리를 치셨으나 싸매어 주실 것임이라 ² 여호와께서 이틀 후에 우리를 살리시며 셋째 날에 우리를 일으키시리니** 우리가 그의 앞에서 살리라 ³ 그러므로 우리가 여호와를 알자 힘써 여호와를 알자 그의 나타나심은 새벽 빛 같이 어김없나니 비와 같이, 땅을 적시는 늦은 비와 같이 우리에게 임하시리라 하니라

시 16:10 이는 주께서 내 영혼을 스올에 버리지 아니하시며 주의 거룩한 자를 멸망시키지 않으실 것임이니이다

2) 예수님 자신의 예언

눅 9:22 이르시되 인자가 많은 고난을 받고 장로들과 대제사장들과 서기관들에게 버린 바 되어 죽임을 당하고 제삼일에 살아나야 하리라 하시고

---

* 진정한 회개가 있을 경우 심판의 자리에서 고침을 받게 될 것이요.
** 회개하고 돌아오는 이스라엘을 소생시킬 뿐만 아니라, 메시아를 통하여 영원한 생명으로 다시 살릴 것임을 약속하는 것이다(호크마 주석).

마 16:21 이 때로부터 예수 그리스도께서 자기가 예루살렘에 올라가 장로들과 대제사장들과 서기관들에게 많은 고난을 받고 죽임을 당하고 제삼일에 살아나야 할 것을 제자들에게 비로소 나타내시니

마 12:40 요나가 밤낮 사흘 동안 큰 물고기 뱃속에 있었던 것 같이 인자도 밤낮 사흘 동안 땅 속에 있으리라

마 17:9 그들이 산에서 내려올 때에 예수께서 명하여 이르시되 인자가 죽은 자 가운데서 살아나기 전에는 본 것을 아무에게도 이르지 말라 하시니

마 20:19 이방인들에게 넘겨 주어 그를 조롱하며 채찍질하며 십자가에 못 박게 할 것이나 제삼일에 살아나리라

눅 18:33 그들은 채찍질하고 그를 죽일 것이나 그는 삼 일 만에 살아나리라 하시되

3. 부활의 사실

1) 빈 무덤

눅 24:1-3 ¹ 안식 후 첫날 새벽에 이 여자들이 그 준비한 향품을 가지고 무덤에 가서 ² 돌이 무덤에서 굴려 옮겨진 것을 보고 ³ 들어가니 주 예수의 시체가 보이지 아니하더라

2) 출현

① 막달라 마리아에게

요 20:15 예수께서 이르시되 여자여 어찌하여 울며 누구를 찾느냐 하시니 마리아는 그가 동산지기인 줄 알고 이르되 주여 당신이 옮겼거든 어디 두었는지 내게 이르소서 그리하면 내가 가져가리이다

② 다른 여인들에게

마 28:9-10 ⁹ 예수께서 그들을 만나 이르시되 평안하냐 하시거늘 여자들이 나아가 그 발을 붙잡고 경배하니 ¹⁰ 이에 예수께서 이르시되 무서워하지 말라 가서 내 형제들에게 갈릴리로 가라 하라 거기서 나를 보리라 하시니라

③ 베드로, 열 두 제자, 오백여 명, 야고보, 모든 사도, 바울에게

고전 15:3-8 3 내가 받은 것을 먼저 너희에게 전하였노니 이는 성경대로 그리스도께서 우리 죄를 위하여 죽으시고 4 장사 지낸 바 되셨다가 성경대로 사흘 만에 다시 살아나사 5 게바에게 보이시고 후에 열두 제자에게와 6 그 후에 오백여 형제에게 일시에 보이셨나니 그 중에 지금까지 대다수는 살아 있고 어떤 사람은 잠들었으며 7 그 후에 야고보에게 보이셨으며 그 후에 모든 사도에게와 8 맨 나중에 만삭되지 못하여 난 자 같은 내게도 보이셨느니라

④ 제자들에게
- 눅 24:13-35 · 눅 24:36-43 · 요 20:20-29 · 요 21:1-14
- 마 28:16-20

4. 부활에는 의인의 부활과 악인의 부활이 있다

행 24:15 그들이 기다리는 바 하나님께 향한 소망을 나도 가졌으니 곧 의인과 악인의 부활이 있으리라 함이니이다

단 12:2 땅의 티끌 가운데에서 자는 자 중에서 많은 사람이 깨어나 영생을 받는 자도 있겠고 수치를 당하여서 영원히 부끄러움을 당할 자도 있을 것이며

딤후 4:1 하나님 앞과 살아 있는 자와 죽은 자를 심판하실 그리스도 예수 앞에서 그가 나타나실 것과 그의 나라를 두고 엄히 명하노니

요 5:28-29 [28] 이를 놀랍게 여기지 말라 무덤 속에 있는 자가 다 그의 음성을 들을 때가 오나니 [29] 선한 일을 행한 자는 생명의 부활로, 악한 일을 행한 자는 심판의 부활로 나오리라

성도가 다시 사는 것은 분명하며 생명의 부활, 의인의 부활, 첫째 부활이다. 죄인은 심판의 부활로 두 번째로 부활하여 영원한 심판인 지옥으로 간다.

계 20:5-6 [5] (그 나머지 죽은 자들은 그 천 년이 차기까지 살지 못하더라) 이는 첫째 부활이라 [6] 이 첫째 부활에 참여하는 자들은 복이 있고 거룩하도다 둘째 사망이 그들을 다스리는 권세가 없고 도리어 그들이 하나님과 그리스도의 제사장이 되어 천 년 동안 그리스도와 더불어 왕 노릇 하리라

계 20:13-14 [13] 바다가 그 가운데에서 죽은 자들을 내주고 또 사망과 음부도 그 가운데에서 죽은 자들을 내주매 각 사람이 자기의 행위대로 심판을 받고 [14] 사망과 음부도 불못에 던져지니 이것은 둘째 사망 곧 불못이라

마 25:46 그들은 영벌에, 의인들은 영생에 들어가리라 하시니라

마 3:12 손에 키를 들고 자기의 타작 마당을 정하게 하사 알곡은 모아 곳간에 들이고 쭉정이는 꺼지지 않는 불에 태우시리라

막 9:48-49 [48] 거기에서는 구더기도 죽지 않고 불도 꺼지지 아니하느니라 [49] 사람마다 불로써 소금 치듯 함을 받으리라

계 20:10 또 그들을 미혹하는 마귀가 불과 유황 못에 던져지니 거기는 그 짐승과 거짓 선지자도 있어 세세토록 밤낮 괴로움을 받으리라

막 9:43 만일 네 손이 너를 범죄하게 하거든 찍어버리라 장애인으로 영생에 들어가는 것이 두 손을 가지고 지옥 곧 꺼지지 않는 불에 들어가는 것보다 나으니라

5. 성도의 부활

우리의 영적 출생은 미래의 부활의 상징이요, 원인이다.

골 2:12 너희가 세례로 그리스도와 함께 장사되고 또 죽은 자들 가운데서 그를 일으키신 하나님의 역사를 믿음으로 말미암아 그 안에서 함께

일으키심을 받았느니라

롬6:4-9 ⁴ 그러므로 우리가 그의 죽으심과 합하여 세례를 받음으로 그와 함께 장사되었나니 이는 아버지의 영광으로 말미암아 그리스도를 죽은 자 가운데서 살리심과 같이 우리로 또한 새 생명 가운데서 행하게 하려 함이라 ⁵ 만일 우리가 그의 죽으심과 같은 모양으로 연합한 자가 되었으면 또한 그의 부활과 같은 모양으로 연합한 자도 되리라 ⁶ 우리가 알거니와 우리의 옛 사람이 예수와 함께 십자가에 못 박힌 것은 죄의 몸이 죽어 다시는 우리가 죄에게 종 노릇 하지 아니하려 함이니 ⁷ 이는 죽은 자가 죄에서 벗어나 의롭다 하심을 얻었음이라 ⁸ 만일 우리가 그리스도와 함께 죽었으면 또한 그와 함께 살 줄을 믿노니 ⁹ 이는 그리스도께서 죽은 자 가운데서 살아나셨으매 다시 죽지 아니하시고 사망이 다시 그를 주장하지 못할 줄을 앎이로라

롬 8:11 예수를 죽은 자 가운데서 살리신 이의 영이 너희 안에 거하시면 그리스도 예수를 죽은 자 가운데서 살리신 이가 너희 안에 거하시는 그의 영으로 말미암아 너희 죽을 몸도 살리시리라

고전 6:14 하나님이 주를 다시 살리셨고 또한 그의 권능으로 우리를 다시 살리시리라

고후 4:13-14 ¹³ 기록된 바 내가 믿었으므로 말하였다 한 것 같이 우리가 같은 믿음의 마음을 가졌으니 우리도 믿었으므로 또한 말하노라 ¹⁴ 주 예수를 다시 살리신 이가 예수와 함께 우리도 다시 살리사 너희와 함께 그 앞에 서게 하실 줄을 아노라

살전 4:14 우리가 예수께서 죽으셨다가 다시 살아나심을 믿을진대 이와 같이 예수 안에서 자는 자들도 하나님이 그와 함께 데리고 오시리라

벧전 1:3 우리 주 예수 그리스도의 아버지 하나님을 찬송하리로다 그의 많으신 긍휼대로 예수 그리스도를 죽은 자 가운데서 부활하게 하심으로 말미암아 우리를 거듭나게 하사 산 소망이 있게 하시며

니고데모

요 3:3-8 ³ 예수께서 대답하여 이르시되 진실로 진실로 네게 이르노니 사람이 거듭나지 아니하면 하나님의 나라를 볼 수 없느니라 ⁴ 니고데모 가 이르되 사람이 늙으면 어떻게 날 수 있사옵나이까 두 번째 모태에 들 어갔다가 날 수 있사옵나이까 ⁵ 예수께서 대답하시되 진실로 진실로 네 게 이르노니 사람이 물과 성령으로 나지 아니하면 하나님의 나라에 들 어갈 수 없느니라 ⁶ 육으로 난 것은 육이요 영으로 난 것은 영이니 ⁷ 내가 네게 거듭나야 하겠다 하는 말을 놀랍게 여기지 말라 ⁸ 바람이 임의로 불매 네가 그 소리는 들어도 어디서 와서 어디로 가는지 알지 못하나니

성령으로 난 사람도 다 그러하니라

믿음은 변화가 아니고 새 생명을 얻는 것이다

고전 15:17-19 ¹⁷ 그리스도께서 다시 살아나신 일이 없으면 너희의 믿음도 헛되고 너희가 여전히 죄 가운데 있을 것이요 ¹⁸ 또한 그리스도 안에서 잠자는 자도 망하였으리니 ¹⁹ 만일 그리스도 안에서 우리가 바라는 것이 다만 이 세상의 삶뿐이면 모든 사람 가운데 우리가 더욱 불쌍한 자이리라

6. 예수님의 재림

1) 예수님의 재림의 때

막 13:32 그러나 그 날과 그 때는 아무도 모르나니 하늘에 있는 천사들도, 아들도 모르고 아버지만 아시느니라

마 24:42-44 ⁴² 그러므로 깨어 있으라 어느 날에 너희 주가 임할는지 너희가 알지 못함이니라 ⁴³ 너희도 아는 바니 만일 집 주인이 도둑이 어느 시각에 올 줄을 알았더라면 깨어 있어 그 집을 뚫지 못하게 하였으리라 ⁴⁴ 이러므로 너희도 준비하고 있으라 생각하지 않은 때에 인자가 오리라

살전 5:1-2 ¹ 형제들아 때와 시기에 관하여는 너희에게 쓸 것이 없음은 ² 주의 날이 밤에 도둑 같이 이를 줄을 너희 자신이 자세히 알기 때문이라

2) 재림에 대한 예언-재림하실 때에 위에서부터 오신다

살전 1:10 또 죽은 자들 가운데서 다시 살리신 그의 아들이 하늘로부터 강림하실 것을 너희가 어떻게 기다리는지를 말하니 이는 장래의 노하심에서 우리를 건지시는 예수시니라

살전 4:16 주께서 호령과 천사장의 소리와 하나님의 나팔 소리로 친히 하늘로부터 강림하시리니 그리스도 안에서 죽은 자들이 먼저 일어나고

예수님께서 처음 오실 때는 사람 몸에서 오셨다. 그러나 재림하실 때는 위에서 오신다.

3) 재림 시에는 시간과 공간을 초월해서 오시기 때문에 지구 어디서든지 보인다

마 24:27 번개가 동편에서 나서 서편까지 번쩍임 같이 인자의 임함도 그러하리라

마 24:40-41 ⁴⁰ 그 때에 두 사람이 밭에 있으매 한 사람은 데려가고 한 사람은 버려둠을 당할 것이요 ⁴¹ 두 여자가 맷돌질을 하고 있으매 한 사람은 데려가고 한 사람은 버려둠을 당할 것이니라

눅 17:34 내가 너희에게 이르노니 그 밤에 둘이 한 자리에 누워 있으매 하나는 데려감을 얻고 하나는 버려둠을 당할 것이요

재림의 예언 (성경 전체: 1518번, 신약: 300번)

7. 부활절기 이해

부활절은 성도에게 믿음의 생동력과 승리를 맛보게 하는 환희의 절기이다. 그러나 부활절에 이르는 동안 우리는 먼저 회개해야 한다. 이런 준비 과정 없이 부활절을 맞는 것은 아무런 준비 없이 결혼날을 맞는 신랑, 신부와 같다고 할 수 있다.
이렇게 볼 때 부활절에 대한 바른 이해가 있어야 하는데, '한날'에 치중하기보다 '전체'를 볼 줄 아는 안목을 지녀야 한다.

사순절

사순절, 또는 수난절이라 하는 절기는 부활절 이전 46일간(주일을 제외한 40일)을 의미한다.

이때에는, 십자가를 깊이 생각하며 나를 위해 십자가에 달리신 예수님의 사랑과 고난을 묵상하고 믿음을 살핀다. 그리고 내 믿음이 현재 어디에 있는지 점검하고 이웃과 교회를 위한 좋은 계획을 세워 실천하는 기간으로 삼는다.

종려주일

종려주일은 고난주간이 시작되는 주일로 예수님의 예루살렘 입성을 기념하는 절기이다.

고난주간

종려주일로부터 시작하는 고난주간에는 예수님의 생애 가운데 마지막 한 주간에 일어난 성경기사를 중심으로 주님의 고난을 묵상하는 데 전념한다. 때로는 금식을 하며 성경봉독과 기도에 힘쓴다.

부활주일

유대인의 날 개념으로 금요일, 토요일과 주일 사흘을 무덤에서 지내시고 주일 아침 새벽에 부활하신 예수님을 축하하는 절기이다.

부활절은 성탄절과 함께 기독교의 양대 절기인데, 주후 325년 니케아 회의에서 현재와 같이 춘분 후 만월 다음에 오는 첫 번째 주일을 부활주일로 정하고 시행하게 되었다.

영접 기도

요 1:12 영접하는 자 곧 그 이름을 믿는 자들에게는 하나님의 자녀가 되는 권세를 주셨으니

1. 영접 기도문

예수님, 죄와 허물로 인하여 죽은 나의 죗값을 대신 치러주심으로 나를 용서하여 주시고 하나님의 자녀 삼아주신 것 감사합니다.

예수님, 나 대신 죽어주셨으니 이제 내가 예수님을 나의 주인으로 모십니다. 예수님 지금 내 마음 문을 엽니다.

예수님 이제 내 안에 들어오셔서 영원토록 나를 떠나지 마시고 나의 주인이 되어 주시옵소서.

예수님께서 내 안에 성령님을 보내 주신다고 약속하신 대로 성령님께서 내 안에 계셔 나와 함께하심을 감사합니다.

이제 내가 주인이 아니고 내 안에 모셔드린 성령님이 나의 주인이 되시니 나를 주장하여 주시옵소서.

이제부터는 내가 사는 것이 아니라 내가 살든지 죽든지 무엇을 하든지 내 안에 함께 사시는 예수님의 인도하심 따라 살기로 결정합니다.

예수님, 도와주시옵소서. 하나님의 기쁨이 되는 삶을 살 수 있도록 예수님 나를 인도해 주시옵소서.

나를 구원하신 예수님의 이름으로 기도드립니다. 아멘.

2. 영접 기도문(성구)

예수님, 죄와 허물로 인하여 죽은 나의 죗값을 대신 치러주심으로 나를 용서하여 주시고 하나님의 자녀 삼아주신 것 감사합니다.

엡 1:7 우리는 그리스도 안에서 그의 은혜의 풍성함을 따라 그의 피로 말

미암아 속량 곧 죄 사함을 받았느니라

엡 2:1 그는 허물과 죄로 죽었던 너희를 살리셨도다

예수님, 나 대신 죽어주셨으니 이제 내가 예수님을 나의 주인으로
모십니다. 예수님 지금 내 마음 문을 엽니다.

갈 5:24 그리스도 예수의 사람들은 육체와 함께 그 정욕과 탐심을 십자
가에 못 박았느니라*

벧전 2:9 그러나 너희는 택하신 족속이요 왕 같은 제사장들이요 거룩한
나라요 그의 소유가 된 백성이니 이는 너희를 어두운 데서 불러 내어 그
의 기이한 빛에 들어가게 하신 이의 아름다운 덕을 선포하게 하려 하심
이라

사 43:1 야곱아 너를 창조하신 여호와께서 지금 말씀하시느니라 이스라
엘아 너를 지으신 이가 말씀하시느니라 너는 두려워하지 말라 내가 너
를 구속하였고 내가 너를 지명하여 불렀나니 너는 내 것이라

~~~~~~~~~~~~~~~

* 하나님을 떠나 내가 원하는 대로 살고, 세상을 사랑하며 살았던 내가 십자가에 예수
와 함께 못 박혀 죽은 것이다. 예수님을 영접한다는 것은 나도 함께 죽은 십자가의 예
수를 영접하는 것이다.

예수님 이제 내 안에 들어오셔서 영원토록 나를 떠나지 마시고 나의 주인이 되어 주시옵소서.

계 3:20 볼지어다 내가 문 밖에 서서 두드리노니 누구든지 내 음성을 듣고 문을 열면 내가 그에게로 들어가 그와 더불어 먹고 그는 나와 더불어 먹으리라

요 14:20 그 날에는 내가 아버지 안에, 너희가 내 안에, 내가 너희 안에 있는 것을 너희가 알리라

요 15:4 내 안에 거하라 나도 너희 안에 거하리라 가지가 포도나무에 붙어 있지 아니하면 스스로 열매를 맺을 수 없음 같이 너희도 내 안에 있지 아니하면 그러하리라

예수님께서 내 안에 성령님을 보내 주신다고 약속하신 대로 성령님께서 내 안에 계셔서 나와 함께하심을 감사합니다.

요 16:7 그러나 내가 너희에게 실상을 말하노니 내가 떠나가는 것이 너희에게 유익이라 내가 떠나가지 아니하면 보혜사가 너희에게로 오시지 아니할 것이요 가면 내가 그를 너희에게로 보내리니

요일 4:13 그의 성령을 우리에게 주시므로 우리가 그 안에 거하고 그가 우리 안에 거하시는 줄을 아느니라

롬 8:9-10 9 만일 너희 속에 하나님의 영이 거하시면 너희가 육신에 있지 아니하고 영에 있나니 누구든지 그리스도의 영이 없으면 그리스도의 사람이 아니라 10 또 그리스도께서 너희 안에 계시면 몸은 죄로 말미암아 죽은 것이나 영은 의로 말미암아 살아 있는 것이니라

롬 8:14 무릇 하나님의 영으로 인도함을 받는 사람은 곧 하나님의 아들이라

이제 내가 주인이 아니고 내 안에 모셔드린 성령님이 나의 주인이 되시니 나를 주장하여 주시옵소서.

고전 6:19-20 19 너희 몸은 너희가 하나님께로부터 받은 바 너희 가운데 계신 성령의 전인 줄을 알지 못하느냐 너희는 너희 자신의 것이 아니라 20 값으로 산 것이 되었으니 그런즉 너희 몸으로 하나님께 영광을 돌리라

이제부터는 내가 사는 것이 아니라 내가 살든지 죽든지 무엇을 하든지 내 안에 함께 사시는 예수님의 인도하심 따라 살기로 결정

합니다.

갈 2:20　내가 그리스도와 함께 십자가에 못 박혔나니 그런즉 이제는 내가 사는 것이 아니요 오직 내 안에 그리스도께서 사시는 것이라 이제 내가 육체 가운데 사는 것은 나를 사랑하사 나를 위하여 자기 자신을 버리신 하나님의 아들을 믿는 믿음 안에서 사는 것이라

롬 6:6　우리가 알거니와 우리의 옛 사람이 예수와 함께 십자가에 못 박힌 것은 죄의 몸이 죽어 다시는 우리가 죄에게 종 노릇 하지 아니하려 함이니

갈 5:16　내가 이르노니 너희는 성령을 따라 행하라 그리하면 육체의 욕심을 이루지 아니하리라

엡 4:21-24　21 진리가 예수 안에 있는 것 같이 너희가 참으로 그에게서 듣고 또한 그 안에서 가르침을 받았을진대 22 너희는 유혹의 욕심을 따라 썩어져 가는 구습을 따르는 옛 사람을 벗어 버리고 23 오직 너희의 심령이 새롭게 되어 24 하나님을 따라 의와 진리의 거룩함으로 지으심을 받은 새 사람을 입으라

예수님, 도와주시옵소서.

하나님의 기쁨이 되는 삶을 살 수 있도록 예수님 나를 인도해 주시옵소서.

나를 구원하신 예수님의 이름으로 기도드립니다. 아멘.

···예수님의 인도하심 따라 살기로 결정합니다(←결단 후)
예수님, 도와주시옵소서.

요 14:26 보혜사 곧 아버지께서 내 이름으로 보내실 성령 그가 너희에게 모든 것을 가르치고 내가 너희에게 말한 모든 것을 생각나게 하리라

갈 5:22-23 22 오직 성령의 열매는 사랑과 희락과 화평과 오래 참음과 자비와 양선과 충성과 23 온유와 절제니 이같은 것을 금지할 법이 없느니라